퇴근이 1시간 빨라지는

초간단
파워포인트

KB058444

퇴근이 1시간 빨라지는

초간단
파워포인트

이지훈 지음

21세기북스

 **작가의 말**

요리 프로그램처럼 친근한 파워포인트 수업

11년 동안 파워포인트를 연구하고 강의를 계속하는 동안 제 안에서는 '어떻게 하면 파워포인트를 좀 더 쉽게 설명할 수 있을까?' 하는 아쉬움이 늘 있었습니다. 그러던 어느 날 〈집밥 백선생〉이란 프로그램을 보면서 해결의 실마리를 찾았습니다. 손쉽게 구할 수 있는 재료 선정, 시청자 눈높이에 맞춘 친근한 말투, 만들기 쉬우면서 충분히 멋진 요리까지. 그날 이후 저는 군더더기는 버리고 핵심 위주로 간결하게 강의 내용을 꾸리기 시작했습니다.

보고서부터 유튜브 썸네일까지, 파워포인트의 무궁무진한 세계로

다들 '멋진 프레젠테이션 자료를 만들 거야'라는 일념으로 파워포인트 창을 열었는데, 막막함을 느껴 보신 적이 있을 겁니다. 수많은 버튼 중에서 무엇부터 눌러야 할지 난감하기도 하죠. 먼저 기본적인 기능들을 잘 익히면, 활용 방법은 무궁무진하답니다. 제대로 된 개체 하나를 만들어 두면 그다음부터는 제작 과정이 훨씬 수월해질 겁니다. 점차 재미도 느껴질 거예요. 파워포인트 프로그램으로 각종 보고서, 제안서, 발표 자료뿐만 아니라 포트폴리오, 카드뉴스, 포스터, 유튜브 썸네일까지 만들 수 있다는 사실을 알고 계셨나요? 이 책을 끝까지 완독하신다면 완성도 높은 다양한 결과물을 얻을 수 있답니다.

퇴근이 1시간 이상 빨라지는 파워포인트 스킬

《퇴근이 1시간 빨라지는 초간단 파워포인트》는 원하는 메뉴가 있을 때마다 꺼내서 찾아보고 따라 만들 수 있는 '요리책' 같은 책입니다. 여러분의 책상 위, 모니터 옆자리의 잘 보이는 곳에 꽂아 두시고 파워포인트를 쓸 일이 생길 때마다 꺼내 보는 친근한 책이 되었으면 좋겠습니다. 제 모든 아이디어를 탈탈 털어서 만들었답니다. 쏟아지는 업무 속에서도 파워포인트 제작만큼은 여러분의 발목을 잡지 않기를, 그리하여 야근 없이 정시에 퇴근할 수 있기를, 이 책이 모든 직장인분께 힘이 될 수 있기를 기원합니다.

이 책이 나오기까지 물심양면으로 도와준
사랑하는 가족과 지인들, 구독자님들께 감사하다는 말씀을 드립니다.

이 책의 구성

한눈에 보고!
필요한 디자인을 골라서!
빠르게 만들 수 있도록!
목적별로 유용한 파워포인트 디자인을 한 권에 모았습니다.
요리책을 후루룩 넘기면서 메뉴를 고른 다음
레시피를 따라서 요리를 샥샥 해내듯이,
이 책을 후루룩 넘기면서 필요에 따라 디자인을 고르고
6단계 레시피를 따라서
당신만의 멋진 파워포인트를 디자인하세요.

디자인 템플릿 다운로드 _ http://naver.me/5wfoQlnP

- 링크 주소를 직접 입력할 시, 대문자/소문자를 정확히 구분해 주세요.
- 압축 파일에 암호 ez5370을 입력하면 실습 자료와 템플릿 완성본을 다운로드할 수 있습니다.
- 이 책에서 소개하는 파워포인트 기능은 Office 2013 이상 버전에 최적화되어 있습니다.

PART 1 _ 기본기 다지기

슬라이드 기본 설정, 도형 편집 기능 등 아주 간단한 기본기만 짚고 갈 테니 긴장하지 마세요. 한번 익혀 두면 두고두고 쓸모가 많은 기능들입니다.

PART 2~6 _ 디자인 레시피

보고서, 제안서, 포트폴리오, SNS 콘텐츠 등 목적과 상황에 따라 디자인을 정리했습니다. 디자인마다 6단계 이내의 과정을 밟아 쉽게 따라 만들 수 있도록 레시피를 구성했습니다.

Special Page

각 장의 마지막에는 파워포인트의 다양한 기능을 소개하는 특별한 페이지가 숨어 있습니다. 파워포인트의 좀 더 심오한 세계를 만나고 싶은 분들은 그냥 지나치지 마세요.

상황별 디자인
언제 이 디자인을 활용하면 좋을지
알려 줍니다.

QR코드
스캔하면 동영상 강의를
볼 수 있어요.

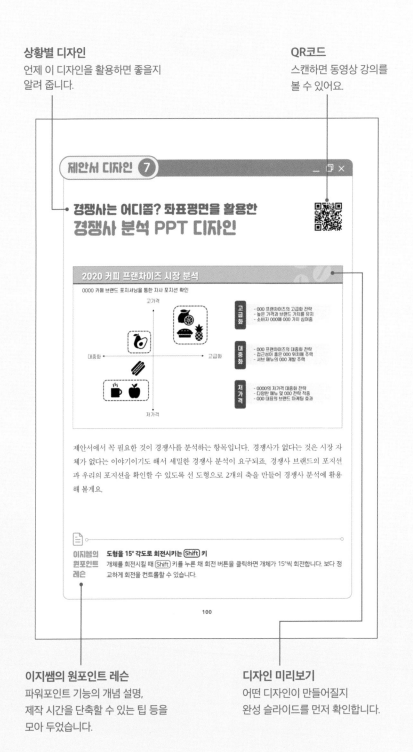

이지쌤의 원포인트 레슨
파워포인트 기능의 개념 설명,
제작 시간을 단축할 수 있는 팁 등을
모아 두었습니다.

디자인 미리보기
어떤 디자인이 만들어질지
완성 슬라이드를 먼저 확인합니다.

6단계 레시피
어떤 디자인이든 최대 6단계만 거치면
멋진 디자인의 슬라이드를 완성할 수 있어요!

Tip
좀 더 능숙하게 PPT 기능을
활용하는 요령을 참고하세요.

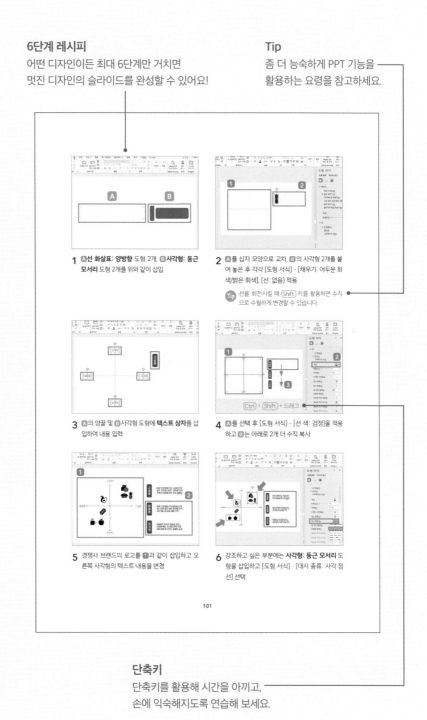

1 Ⓐ**선 화살표: 양방향** 도형 2개, Ⓑ**사각형: 둥근 모서리** 도형 2개를 위와 같이 삽입

2 Ⓐ를 십자 모양으로 교차, Ⓑ의 사각형 2개를 붙여 놓은 후 각각 [도형 서식] - [채우기: 어두운 회색/밝은 회색], [선: 없음] 적용

Tip 선을 회전시킬 때 Shift 키를 활용하면 수직으로 수월하게 변경할 수 있습니다.

3 Ⓐ의 양끝 및 Ⓑ사각형 도형에 **텍스트 상자**를 삽입하여 내용 입력

4 Ⓐ를 선택 후 [도형 서식] - [선 색: 검정]을 적용하고 Ⓑ는 아래로 2개 더 수직 복사

Ctrl + Shift + 드래그

5 경쟁사 브랜드의 로고를 ❶과 같이 삽입하고 오른쪽 사각형의 텍스트 내용을 변경

6 강조하고 싶은 부분에는 **사각형: 둥근 모서리** 도형을 삽입하고 [도형 서식] - [대시 종류: 사각 점선] 선택

101

단축키
단축키를 활용해 시간을 아끼고,
손에 익숙해지도록 연습해 보세요.

PART 1

작업 환경이 쾌적해지는
파워포인트 기본 스킬 10

PART 2

5분 만에 뚝딱 부속물 완성!
파워포인트 기본 디자인 10

PART 3

거친 데이터를 일목요연하게 보여 주는
보고서 디자인 10

PART 4

경쟁PT에서 단박에 통과되는
제안서 디자인 10

PART 5

반드시 합격하는
포트폴리오 디자인 10

PART 6

'좋아요'를 부르는
SNS 콘텐츠 디자인 10

작업 환경이 쾌적해지는
파워포인트 기본 스킬 10

나는 파워포인트의 숨겨진 기능들을 얼마큼 활용하고 있을까요?
어떻게 하면 좀 더 똑똑하게 파워포인트를 사용할 수 있을까요?
나에게 최적화된 환경에서 기분 좋게 일할 수 있는 기본 설정부터,
한 번 알아 두면 두루두루 활용할 수 있는 기본 스킬 10가지를 익히며 기본기를 다집니다.

갑자기 컴퓨터 전원이 꺼질 때를 대비한 보험
파워포인트 기본 설정

파워포인트로 자료를 만들다가 갑자기 컴퓨터가 먹통이 되거나 전원이 꺼지는 아찔한 상황이 종종 생깁니다. 만들던 자료가 한순간에 허공으로 날아가 버리는 사고를 방지하기 위한 보험을 소개할게요. 몇 가지 기본 설정을 변경해 두면 피해를 최소화할 수 있답니다. 일이 벌어지기 전에 최악의 상황에 대비해 보는 건 어떨까요?

이지쌤의 원포인트 레슨

모든 것은 기본 설정에서 나온다! '파워포인트 옵션'

[파일] 탭 - [옵션]을 선택하여 나에게 맞는 작업 환경을 미리 설정해 놓으면 일의 능률을 높일 수 있습니다.

1 자동 복구 정보 저장 간격 설정

[파일] 탭 - [옵션] - [저장] - [자동 복구 정보 저장 간격: 5분]

● 작업량이 많거나 컴퓨터가 느리다면 15~20분으로 설정

2 실행 취소 최대 횟수 설정

[파일] 탭 - [옵션] - [고급] - [실행 취소 최대 횟수: 150]

● 실행 취소 단축키(Ctrl + Z)를 사용할 수 있는 횟수가 늘어남

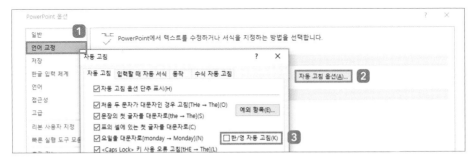

Tip 한/영 자동 고침 설정

[파일] 탭 - [옵션] - [언어 교정] - [자동 고침 옵션] - [한/영 자동 고침] 해제

● 언어 교정: 한글 입력 시 영어로, 영어 입력 시 한글로 바뀌는 기능

● 빠른 작업 속도를 원할 경우 체크를 해제해서 사용

목적에 맞는 슬라이드 크기는 제각각 다르답니다
슬라이드 크기 설정

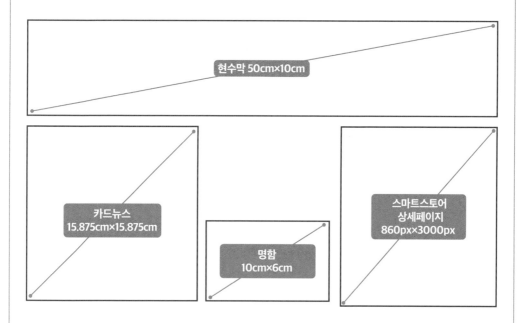

파워포인트 슬라이드의 가로세로 비율과 크기를 목적별로 알고 있다면 발표 자료뿐만 아니라 다양한 형태의 디자인 작업을 할 수 있답니다. 홍보물 종류에 맞추어 슬라이드 크기를 변경해 보세요.

이지쌤의 원포인트 레슨

슬라이드의 비율과 크기를 바꿔 주는 '사용자 지정 슬라이드 크기'

[디자인] 탭 - [슬라이드 크기]에서 원하는 비율 및 크기를 직접 설정해서 새로운 슬라이드를 만들 수 있습니다. 기본적으로는 cm 단위로 원하는 크기를 입력하지만, 경우에 따라 px 단위로 입력하기도 합니다.

1 [디자인] 탭 - [슬라이드 크기] - [사용자 지정 슬라이드 크기] 선택

> **Tip** 2010 버전 이하는 [디자인] 탭 - [페이지 설정] 에서 가능합니다.

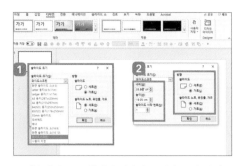

2 [슬라이드 크기]에서 다양한 규격의 용지, 사이즈 선택, 또는 [너비, 높이, 방향]을 원하는 대로 설정

3 [너비]와 [높이]를 같은 크기로 설정한 뒤 [확인]

> **Tip** [너비, 높이]에 px 단위로 입력하면 자동으로 cm로 설정됩니다.
> (예) 100px=2.645cm
> 600px=15.875cm
> 900px=23.812cm

4 슬라이드가 정사각형 모양으로 변경됨(카드뉴스 전용 사이즈)

5 (3의 순서에) [너비: 50cm], [높이: 10cm] 입력한 뒤 [확인]

6 슬라이드가 현수막 사이즈로 변경됨

> **Tip** 최대 너비는 142.24cm까지 설정이 가능합니다. 이를 초과하는 경우에는 원하는 크기와 동일한 비율로 제작하면 됩니다. (예) 현수막 사이즈 500cm×100cm → 슬라이드 크기 50cm×10cm

자주 쓰는 기능만 모아 두면 좋겠어요
빠른 실행 도구 모음

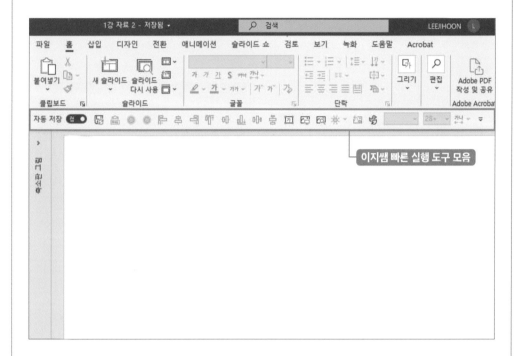

파워포인트를 이용해서 어떤 작업을 주로 하는지에 따라 자주 사용하는 기능들이 생기기 마련이죠. 이럴 때는 매번 처음부터 마우스 클릭을 반복해서 원하는 기능을 실행하는 것보다 '빠른 실행 도구 모음'을 활용하는 것이 좋습니다.

이지쌤의 원포인트 레슨

내가 자주 사용하는 기능을 모아 둔 '빠른 실행 도구 모음'

'빠른 실행 도구 모음'을 설정해 놓은 뒤 '가져오기/내보내기'를 이용하면 다른 컴퓨터에 똑같이 적용할 수도 있습니다.

1 [파일] 탭 - [옵션] 선택

2 [빠른 실행 도구 모음]에서 원하는 기능 선택 후
[추가]

3 (2와 다른 방법) 마우스를 **리본 메뉴** 영역에 올려
놓고 [마우스 오른쪽 단추] - [빠른 실행 도구 모
음에 추가] 선택

> **Tip** 리본 메뉴 위 또는 아래로 빠른 실행 도구 모
> 음을 설정할 수 있습니다.

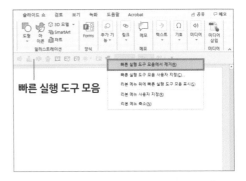

4 제거 방법은 **빠른 실행 도구 모음** 영역에서 [마우
스 오른쪽 단추] - [빠른 실행 도구 모음에서 제거]
선택

5 이지쌤 추천 기능 ☆
[홈] 탭 - [정렬] - [맞춤] - [왼쪽 맞춤]부터 [세로
간격을 동일하게]까지 총 8개 [빠른 실행 도구 모
음에 추가]

_ ☐ ✕

일직선으로 수직/수평 복사하는 방법
[Ctrl] + [Shift] + 드래그

수직/수평 복사하기

개체를 복사할 때 [Ctrl]+[C], [Ctrl]+[V] 단축키를 활용하는 것은 이미 익숙할 겁니다. 그런데 복사된 개체를 마우스로 드래그해서 위치를 조정하다 보면 미묘하게 맞지 않는 수평과 수직이 신경 쓰일 때가 있기 마련이죠? 디테일까지 깔끔한 디자인이 받쳐 주어야 그 안에 담긴 내용이 더 돋보인답니다. 수직/수평 복사([Ctrl] + [Shift] + 드래그)로 쉽고 빠르게 열과 행을 맞춰 봅시다.

이지쌤의 원포인트 레슨 **슬라이드 속 개체를 깔끔하게 복사하는 '[Ctrl]+드래그'**
원하는 위치에 자유롭게 복사 가능! [Shift] 키를 함께 누르면 '수직/수평 복사', [Alt] 키를 함께 누르면 '정교한 복사'가 됩니다.

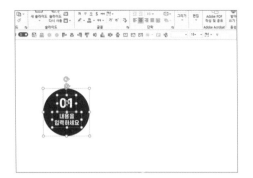

1 슬라이드에 **원** 도형과 **텍스트 상자**를 삽입하고
전체 선택

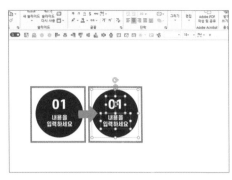

2 `Ctrl`+`Shift` 키를 누른 상태로, 선택한 개체를
오른쪽으로 드래그하여 복사

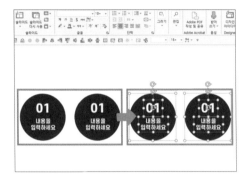

3 2개의 개체를 선택 후 다시 `Ctrl`+`Shift` 키를
누른 채 오른쪽으로 드래그하여 복사

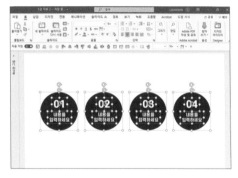

4 **텍스트 상자** 안에 내용을 입력하고 마무리

> **Tip** 하나의 개체를 제대로 만들어 두면 그다음
> 부터는 작업이 간단해집니다.

글꼴, 글자 크기, 개체 색 등의 서식을 복사하는 방법
Ctrl + Shift + C or V

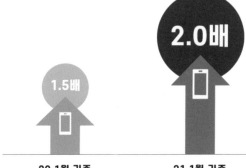

OOO기술 판매 평가기준
각 지점 판매사원의 OOOO에 맞춰진
OOO 기술 계약 비율의 변화

1.5배

2.0배

20.1월 기준   21.1월 기준

파워포인트를 만들면서 꼭 거쳐야 하는 단계가 있습니다. 텍스트의 글꼴/크기/색상 또는 도형의 색상 등을 통일하는 마무리 작업입니다. 혹시 지금까지 일일이 클릭해서 스타일을 수정하고 계셨나요? 그렇다면 앞으로는 단축키를 활용해서 고수의 면모를 뽐내 보세요. 서식 복사(Ctrl+Shift+C)와 서식 붙여넣기(Ctrl+Shift+V)를 활용하면 작업 시간이 확 줄어듭니다.

📄
이지쌤의 원포인트 레슨

개체의 서식만을 복사하여 붙여 넣는 '서식 복사/붙여넣기'

글꼴, 크기, 색상 등의 스타일을 서식이라고 합니다. 서식만 복사하여 원하는 개체에 그 효과를 적용할 수 있습니다.

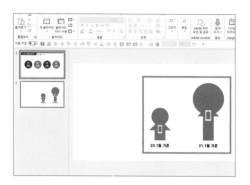

1 슬라이드에 **텍스트 상자**, **화살표**와 **원** 도형을 삽입(다른 슬라이드의 서식을 가져와 적용할 예정)

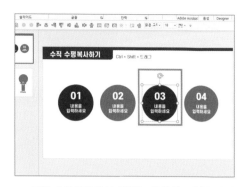

2 다른 슬라이드에서 원하는 색상의 도형을 서식 복사 (Ctrl+Shift+C)

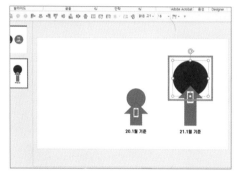

3 기존 슬라이드로 돌아와 적용하고 싶은 도형을 선택한 후 서식 붙여넣기 (Ctrl+Shift+V)

> **Tip** 다른 PPT 파일의 효과도 서식 복사하여 내 자료에 붙여 넣을 수 있습니다.

4 원하는 텍스트 서식도 드래그하여 선택한 후 서식 복사 (텍스트의 효과도 서식 복사 가능)

> **Tip** 2개 이상의 글꼴 효과가 사용된 텍스트는 서식 복사가 불가능합니다.

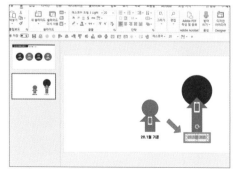

5 적용하고 싶은 텍스트를 드래그한 후 서식 붙여넣기

도형의 모서리와 꼭짓점을 내 마음대로
도형 점 편집 기능

점 편집을 활용한
PPT 디자인 스킬

도형의 점 편집 기능을 활용하여
새로운 모양의 도형을 제작 가능

모든 슬라이드가 화려한 디자인을 뽐내야 하는 건 아니죠. 때로는 최소한의 시간을 들여 단순하고 깔끔하게 만드는 것이 최선일 때가 있습니다. 이럴 때 도형의 점 편집 기능을 활용해 보는 건 어떨까요? 기존 도형을 이용해서 간단하면서도 색다른 나만의 디자인을 만들 수 있답니다.

**이지쌤의
원포인트
레슨**

도형의 모양을 내 마음대로 바꿔 주는 '점 편집' 기능

도형 선택 후 [점 편집]을 활성화하면 검정색 점은 직선, 흰색 점은 곡선으로 편집이 가능해집니다.

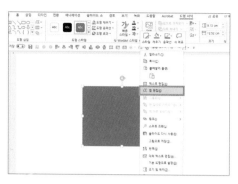

1 슬라이드에 **직사각형** 도형 삽입, 도형 선택 후 [마우스 오른쪽 단추] - [점 편집]

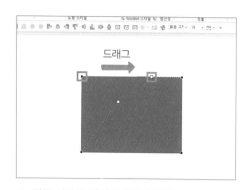

2 왼쪽 상단의 **검정색 점**을 선택하고 오른쪽으로 드래그하여 사다리꼴로 변경

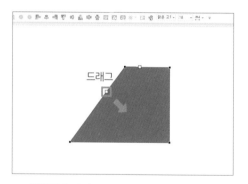

3 **흰색 점**을 아래쪽으로 움직여 곡선으로 변경

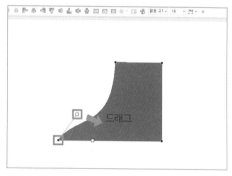

4 왼쪽 하단의 **검정색 점**을 클릭하면 튀어나오는 **흰색 점**을 오른쪽 아래 방향으로 드래그

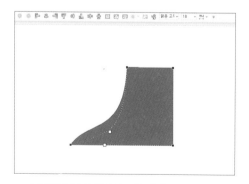

5 부드러운 곡선 형태의 도형 제작

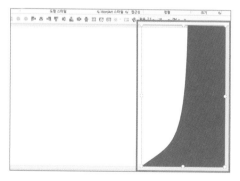

6 슬라이드 크기에 맞게 도형 모양을 변경하고 오른쪽에 배치

여러 도형을 합치거나 쪼개는
도형 병합 기능

도형 병합 기능 사용하기 도형 병합 기능 응용해서 활용해 보기

1. 최고 품질

타사 대비 최고 품질의 제품 개발
고객이 요구하는 한 지속적인 품질 혁신

2. 기술력 혁신

0000 제품 생산 200% 상승을 위한 혁신
교육 훈련을 통한 품질 개선, 안전한 기술 개발
제품 품질 검사 99.9% 시스템 도입

3. 고객 만족

서비스 품질 만족도 100% 목표
고객이 행복한 제품, 고객을 위한 회사
함께 성장하고 행복한 회사

삼각형을 세 조각으로 분리하여 세 가지 특징을 보여 주는 디자인입니다. 가장 위의 삼각형 따로, 아래의 사다리꼴을 따로 삽입해서 하나의 삼각형처럼 보이게 만든 걸까요? 그럴 리가 요! 도형 병합 기능을 활용하면 기존의 도형을 여러 가지 형태로 재조합하는 것이 가능하답 니다.

**이지쌤의
원포인트
레슨**

2개 이상의 도형을 조합하여 새로운 도형을 만드는 '도형 병합' 기능

2개 이상의 도형을 겹쳐 놓고 도형 병합 기능을 적용하면 통합, 결합, 조각, 교차, 빼기 중에 하나 를 선택해 새로운 모양의 도형을 만들 수 있습니다. (2013 버전 이상 활용 가능)

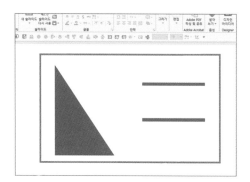

1 **직각 삼각형** 도형 1개, **직사각형** 도형 2개 삽입

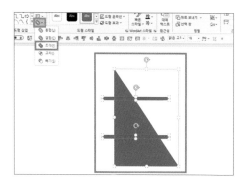

2 각 도형을 위와 같이 겹쳐 놓은 뒤 모두 선택하고
[도형 서식] 탭 - [도형 병합] - [조각] 클릭

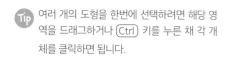

여러 개의 도형을 한번에 선택하려면 해당 영
역을 드래그하거나 (Ctrl) 키를 누른 채 각 개
체를 클릭하면 됩니다.

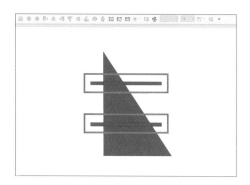

3 조각난 도형들 가운데 위 그림에서 표시된 부분
들을 삭제

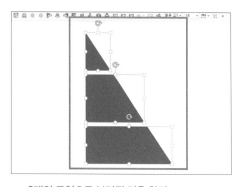

4 3개의 도형으로 분리된 것을 확인

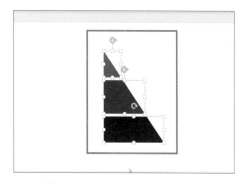

5 각 도형을 원하는 색상으로 변경

슬라이드의 안정감은 완벽한 좌우대칭으로부터
안내선 기능

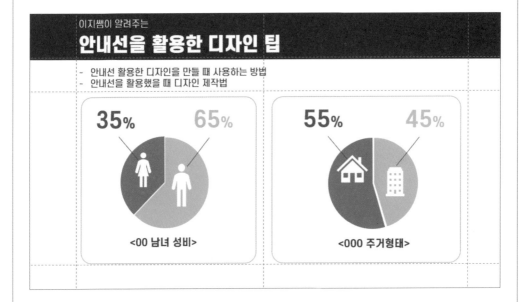

이지쌤이 알려주는
안내선을 활용한 디자인 팁

- 안내선 활용한 디자인을 만들 때 사용하는 방법
- 안내선을 활용했을 때 디자인 제작법

35% **65%**

\<00 남녀 성비\>

55% **45%**

\<000 주거형태\>

프레젠테이션 중에 계속 넘어가는 슬라이드의 상단 부분이 들쭉날쭉하다면 어떨까요? 오른쪽과 왼쪽에 동일한 차트가 들어가는데 중앙이 맞지 않는다면요? 자료의 깔끔한 배치는 보는 이들에게 '신경 써서 만들었다'라는 신뢰감을 줍니다. 좌우대칭을 맞춰 자료를 안정감 있게 보여 줄 수 있도록 안내선 기능을 활용해 볼게요.

이지쌤의 **슬라이드 속 레이아웃을 설정할 수 있는 '안내선' 기능**
원포인트
레슨 [보기] 탭 - [안내선] 기능을 활용하면 도형이나 이미지를 깔끔하게 배치할 수 있습니다.

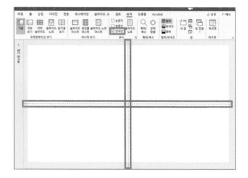

1 [보기] 탭 - [안내선]을 선택하여 슬라이드 내 2개의 점선을 표시

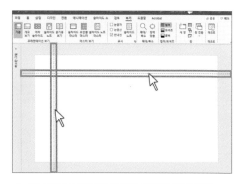

2 안내선을 드래그해서 위의 그림과 같이 이동

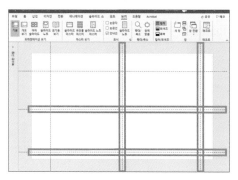

3 Ctrl 키를 누른 채로 기존 안내선을 원하는 위치에 드래그해서 새로운 안내선을 추가

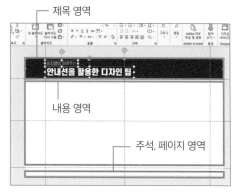

4 제목 영역에 **텍스트 상자**와 도형을 삽입

5 내용 영역에 **텍스트 상자**를 삽입하고 내용 입력

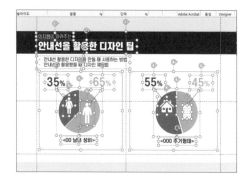

6 안내선에 맞춰 좌우에 도형 삽입

> **Tip** 안내선을 제거하고 싶을 때는 그 위에서 [마우스 오른쪽 단추] - [삭제]를 선택합니다.

복잡한 요소를 손쉽게 도식화하는
스마트 아트 기능

전		후	
· 교육명 [2020_work_smart academy] 인포그래픽스		교육명	[2020_work_smart academy] 인포그래픽스
· 교육일정 10월 24일 (목) 09:00 ~ 18:00 ∣ 1일 8시간		교육일정	10월 24일 (목) 09:00 ~ 18:00 ∣ 1일 8시간
· 교육장소 00교육장(본사) 304호		교육장소	00교육장(본사) 304호
· 교육내용 인포그래픽 이해와 설계, 비쥬얼 씽킹 및 제작 기초, 실무활용		교육내용	인포그래픽 이해와 설계, 비쥬얼 씽킹 및 제작 기초, 실무활용
· 준비사항 필기구, PC		준비사항	필기구, PC
· 교육장 출입 [00직원] 사원증으로 출입 (임시 출입권한 부여)		교육장 출입	[00직원] 사원증으로 출입 (임시 출입권한 부여)
· 교육담당 그룹인력개발원 미래교육팀 이지훈 대리		교육담당	그룹인력개발원 미래교육팀 이지훈 대리

복잡한 내용을 보기 쉽게 도식화하기 위해서 도형을 활용할 수도 있습니다. 그러나 필요한 도형을 하나씩 만든다고 생각하면 앞이 까마득하죠. 이때 스마트 아트 기능을 활용하면 텍스트를 다양한 다이어그램으로 자동 변환할 수 있답니다.

이지쌤의 원포인트 레슨

텍스트만 입력해도 화려한 시각 자료를 만들어 주는 '스마트 아트' 기능

텍스트 상자에 내용을 입력 후 [홈] 탭 - [SmartArt 그래픽으로 변환]을 선택하면 수십 가지의 다이어그램 형태로 자료를 정리할 수 있습니다.

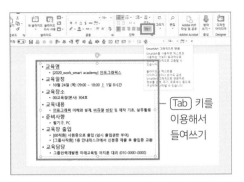

1 **텍스트 상자**에 원하는 내용을 입력한 후 [홈] 탭 - [SmartArt 그래픽으로 변환] 선택

> **Tip** 텍스트 앞의 전각 기호 없이 작업해도 결과물은 똑같습니다.

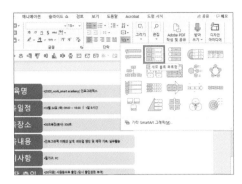

2 [세로 블록 목록형] 선택

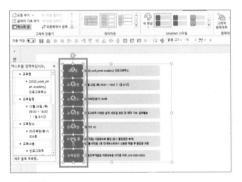

3 Ctrl 키를 누르고 왼쪽의 SmartArt 도형을 전체 선택한 후 크기를 작게 변경

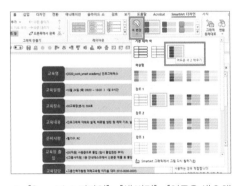

4 [SmartArt 디자인] - [색 변경] - [어두운 색 2 채우기] 적용

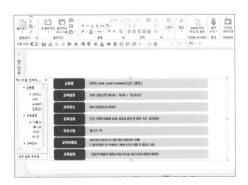

5 텍스트를 원하는 스타일(글꼴/크기/색 등)로 변경하여 완료

자주 사용하는 기본 양식을 지정해 두려면
슬라이드 마스터

슬라이드 마스터 활용해
이미지 잘 집어넣는 방법

틀에 맞춰서 이미지 삽입

따로 자르기 할 필요 없음

내가 원하는 양식 마음대로 제작

보고서나 제안서를 작성하다 보면 자주 활용하는 디자인 또는 레이아웃이 생기기 마련입니다. 그럴 때는 백지에서 하나씩 만들어나가는 것보다 슬라이드 마스터 기능을 활용하는 것이 좋습니다. 나만의 파워포인트 스타일을 양식화하여 작업 시간을 단축해 보세요.

**이지쌤의
원포인트
레슨**

나만의 슬라이드 디자인을 만드는 '슬라이드 마스터'

[보기] 탭 - [슬라이드 마스터]를 통해 나만의 틀, 양식 등을 만들 수 있습니다. 회사 로고와 같이 모든 슬라이드가 꼭 포함해야 하는 요소들을 기본으로 설정해 두는 것이 가능합니다.

1 [보기] 탭 - [슬라이드 마스터] 선택

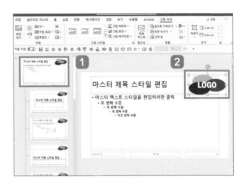

2 왼쪽 첫 번째 슬라이드(마스터 레이아웃)를 선택한 후 오른쪽 상단에 원하는 로고를 삽입

3 왼쪽 세 번째 슬라이드 선택 후 상단 메뉴의 [슬라이드 마스터] 탭 - [개체 틀 삽입] - [그림]

> **Tip** 슬라이드에 있던 기존 개체 틀은 삭제해 주세요.

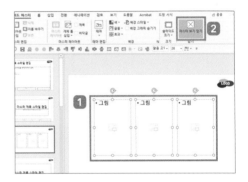

4 삽입한 **그림 개체 틀**을 2개 더 수평 복사한 뒤 [마스터 보기 닫기] 선택

5 [홈] 탭 - [새 슬라이드]에서 두 번째 슬라이드 선택하여 삽입

6 **그림 개체 틀** 안의 아이콘을 클릭하여 원하는 이미지 삽입

> **Tip** 이미지 비율의 변형 없이 내가 만들어 놓은 틀 안에 이미지가 삽입됩니다.

퇴근 시간을 앞당기는
파워포인트 기본 환경 설정

⊘ 기본 텍스트 상자 및 도형 설정

파워포인트를 실행했을 때 기본으로 설정되어 있는 글꼴(맑은 고딕)과 도형의 색상을 내가 원하는 스타일로 변경할 수 있습니다. 이렇게 기본 설정을 변경해 두면 새로운 텍스트 상자나 도형을 삽입할 때 일일이 개체를 선택하여 자주 사용하는 글꼴이나 색상으로 지정하는 수고를 덜 수 있답니다. 평소에 별다른 생각 없이 반복하는 마우스 클릭을 줄이면 제작 시간도 훨씬 단축됩니다.

❶ [삽입] 탭 - [텍스트 상자] 선택 후 텍스트 입력

❷ 원하는 글꼴, 크기 설정

❸ 텍스트 상자 선택 후 [마우스 오른쪽 단추] - [기본 텍스트 상자로 설정]

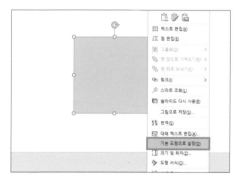

❶ [삽입] 탭 - [도형] 선택 후 도형 삽입

❷ 도형의 색상, 테두리 선 색상 등의 효과 설정

❸ 도형 선택 후 [마우스 오른쪽 단추] - [기본 도형으로 설정]

⊘ 자주 사용하는 도형 효과 모음

도형을 삽입할 때 즐겨 사용하는 색상이 있다면, 그 색상을 적용해 둔 도형들을 하나의 슬라이드에 모아 두도록 합시다. 이런 슬라이드를 몇 개 만들어 PPT 파일 형태로 저장해 두고 필요할 때마다 파일을 열어서 꺼내 쓰면 됩니다. 이 방법은 매번 어떤 색상을 지정할지 고민하는 시간을 줄여 주기 때문에 작업 속도를 높이는 데 도움이 됩니다. 작업 중인 슬라이드에 적용할 때는 서식 복사와 붙여넣기를 활용합니다.

그라데이션 활용

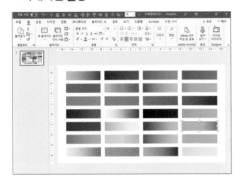

❶ 만들어 놓은 도형 그라데이션 리스트 중 원하는 도형을 선택하고 서식 복사 (Ctrl)+(Shift)+(C))

❷ 작업 중인 슬라이드의 도형에 서식 붙여넣기 ((Ctrl)+(Shift)+(V)) 해서 효과 적용

색상 테마 활용

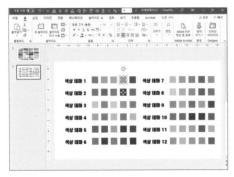

❶ 만들어 놓은 도형 색상 리스트 중 원하는 도형을 선택하고 서식 복사 ((Ctrl)+(Shift)+(C))

❷ 작업 중인 슬라이드의 도형에 서식 붙여넣기 ((Ctrl)+(Shift)+(V)) 해서 효과 적용

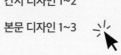

PART 2

5분 만에 뚝딱 부속물 완성!
파워포인트 기본 디자인 10

하나의 프레젠테이션을 이루는 요소들의 디자인을 함께 만들어 봅니다.
프레젠테이션의 얼굴이 되는 표지, 콘텐츠를 한눈에 파악할 수 있도록 돕는 목차,
중간 이정표 역할을 하는 간지, 내용을 가장 효과적으로 전달하기 위한 본문 디자인까지.
그 역할에 따라 디자인이 어떻게 다른지 익히면서 하나의 프레젠테이션을 완성합니다.

텍스트는 주목도 UP, 이미지는 주목도 DOWN
표지 디자인 1

2020 서울시 교통체계

OOO 사례 관련 연구 발표

Simple is best

새로운 사람을 만나면 첫인상에 따라 기대감이 생기기 마련이죠. 파워포인트도 마찬가지입니다. 표지에 따라 뒤따라오는 내용에 대한 기대감이 커지기도 작아지기도 합니다. 만약 이미지를 활용하고 싶은데, 그 이미지가 너무 화려하거나 복잡하다면 제목 텍스트가 잘 보이지 않을 수도 있답니다. 제목 텍스트 이외의 요소는 가급적 줄이고, 원래 사용하려던 이미지는 배경의 역할에 충실한 표지를 만들어 보는 것부터 시작할까요?

이지쌤의 원포인트 레슨

30초 더 아끼는 Ctrl 키의 마법
Ctrl 키를 누른 채 원하는 방향으로 드래그하면 이미지가 복사됩니다.

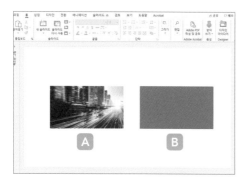

1 Ⓐ이미지, Ⓑ**직사각형** 도형 삽입

2 Ⓐ 선택 후 슬라이드 크기에 맞춰 꽉 채워 줌

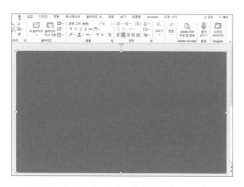

3 같은 방법으로 슬라이드에 Ⓑ를 꽉 채우기

4 Ⓑ 선택 후 [마우스 오른쪽 단추] - [도형 서식] - [단색 채우기: 검정색], [투명도: 30%] - [선: 없음] 설정

5 [삽입] 탭 - [텍스트 상자] 선택 후 제목 및 부제목 입력

6 [삽입] 탭 - [도형: 선] 클릭해서 선을 삽입 후 [도형 서식] - [선 색: 흰색], [너비: 2pt] 설정

이미지를 강조해 주제를 직관적으로 보여 주는
표지 디자인 2

Fashion Marketing sales

2020 패션 브랜드
비즈니스 제안서

텍스트보다 이미지 한 장이 효과적일 때가 있습니다. 이미지는 보는 사람으로 하여금 텍스트를 읽기도 전에 주제가 무엇인지 직관적으로 파악할 수 있게 하죠. 비즈니스 파트너에게 보여 줄 제안서에는 상품, 서비스 등의 제안 주제가 연상되는 이미지를 활용하는 것이 좋답니다. 이미지 자르기 기능을 통해 이미지를 강조한 표지 디자인을 만들어 볼게요.

이지쌤의
원포인트
레슨

원하는 모양으로 자를 수 있는 '자르기' 기능
이미지를 원하는 모양과 비율로 잘라서 활용할 수 있습니다.

1 주제에 맞는 이미지를 삽입

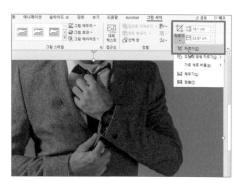

2 이미지를 슬라이드에 꽉 차게 채운 뒤 [그림 서식] 탭 - [자르기] 선택

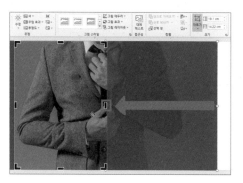

3 오른쪽의 **검정색 바**를 슬라이드 왼쪽으로 이동시켜 원하는 부분 자르기

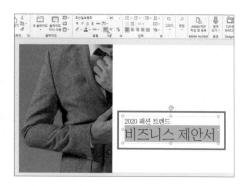

4 **텍스트 상자**를 삽입한 후 제안서 제목 입력

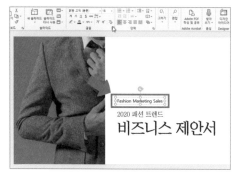

5 제안서의 키포인트가 될 텍스트를 추가

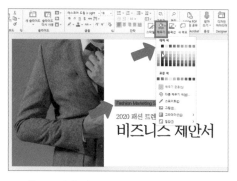

6 **텍스트 상자** 안을 회색으로 채우고 글자 색은 흰색으로 변경

배경 이미지에 그라데이션 효과를 적용한
표지 디자인 3

배경 화면으로 이미지를 활용할 때, 배경 이미지의 요소 하나하나가 선명하게 보인다면 텍스트가 과연 잘 읽힐까요? 이때 그라데이션 효과를 적용하면 이미지는 이미지대로 충분히 살리면서 텍스트에 집중이 되는 극적인 효과를 연출할 수 있답니다.

**이지쌤의
원포인트
레슨**
　　다양한 그라데이션 색상을 만들어 주는 '그라데이션 중지점'

그라데이션 중지점에 원하는 색상을 설정하면 자동으로 그라데이션 효과가 적용됩니다.

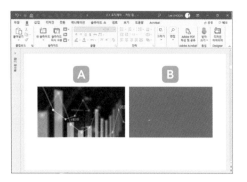

1 A 이미지, B **직사각형** 도형 삽입

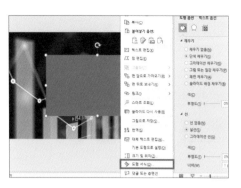

2 A 를 슬라이드에 꽉 차게 채운 뒤, B 를 선택하여 [마우스 오른쪽 단추] - [도형 서식] 클릭

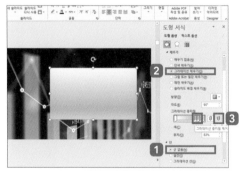

3 [선: 없음], [그라데이션 채우기] 선택 후 위 그림의 ③처럼 **그라데이션 중지점** 가운데 2개를 차례로 제거

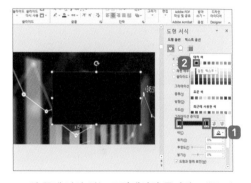

4 양 끝에 남아 있는 **그라데이션 중지점** 2개를 검정색으로 변경

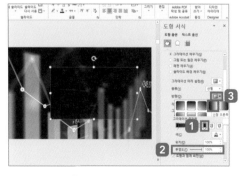

5 위 그림의 ①처럼 가장 오른쪽에 있는 **그라데이션 중지점** 선택 후 [투명도: 100%], [방향: 선형 오른쪽] 설정

6 B 를 슬라이드에 꽉 채운 뒤 **텍스트 상자**를 삽입하고 제목 입력

텍스트 상자로 만드는 가장 기본적인
목차 디자인 1

■목차

01 일반 현황
회사 개요
재무 구조
조직 구성 및 운영 계획
유사용역 수행실적

02 제안 개요
목적 및 제안 배경
제안내용 특징 및 장단점
절차상 주요 체크리스트
핵심 제안 사항 및 조건

03 사업 수행 현황
건설 개발 컨셉
수출 특화 개발기획
연계사업화 방안

04 비전과 목표
조직 구성 및 운영 계획
유사용역 수행실적

05 000 예산 및 일정
목적 및 제안 배경
제안내용 특징 및 장단점

06 기타 별첨
건설 개발 컨셉
수출 특화 개발기획

표지에서 좋은 첫인상을 남겼다면 그다음으로 중요한 게 뭘까요? 바로 목차입니다. 앞으로 나올 내용들을 요약해서 한눈에 보여 주는 목차는 거의 모든 종류의 프레젠테이션에 꼭 포함되는 항목이죠. 텍스트 상자만 활용해서 가장 기본적인 목차 디자인을 빠르게 만들어 보겠습니다.

이지쌤의 원포인트 레슨

개체들을 하나의 그룹으로 묶는 '그룹화' 기능

원하는 개체 선택 후 Ctrl + G 키를 누르면 그룹화되어 하나의 개체를 편집하는 것처럼 작업할 수 있습니다. 그룹 해제는 Ctrl + Shift + G 키를 함께 누릅니다.

1 **텍스트 상자** 3개를 삽입한 뒤 각각 번호, 제목, 소제목 입력

2 3개의 **텍스트 상자**를 위와 같이 배치하고 모든 개체를 선택한 후 Ctrl + G 키를 눌러 그룹화

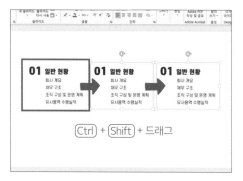

3 그룹화된 하나의 개체를 선택한 후 오른쪽으로 2개 더 수평 복사(Ctrl + Shift + 드래그)

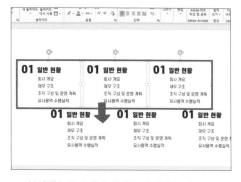

4 복사해 놓은 3개의 개체를 선택한 후 아래쪽으로 수직 복사(Ctrl + Shift + 드래그)

5 내용에 맞게 텍스트 수정 후 슬라이드 상단에 새로운 **텍스트 상자** 삽입하고 '목차' 입력, 포인트 도형 삽입하여 완료

도형을 이용하여 큰 흐름을 보여 주는
목차 디자인 2

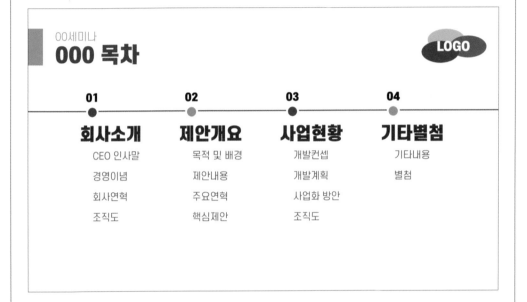

앞으로 나올 내용과 전체적인 흐름을 파악할 수 있도록 돕는 목차의 중요성은 아무리 강조해도 지나치지 않습니다. 목차 내용은 되도록 한 페이지에 일목요연하게 정리하는 것이 좋답니다. 선과 원을 활용해서 큰 흐름을 강조하고, 그 아래에 소제목들을 배치해 보세요.

이지쌤의 원포인트 레슨

개체를 수직/수평으로 복사하는 Ctrl + Shift + 드래그

원하는 개체를 선택 후 Ctrl + Shift 키를 누른 채 상하좌우로 이동시키면 수직/수평 복사할 수 있습니다.

1 **텍스트 상자**를 삽입한 뒤 제목, 소제목 입력

> **Tip** 텍스트 상자를 각각 만들어 두면 정렬 및 맞춤이 매우 쉬워집니다.

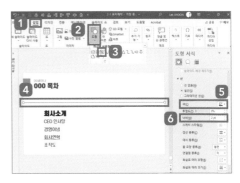

2 [삽입] 탭 - [도형: 선]을 **4** 처럼 삽입한 후 [마우스 오른쪽 단추] - [도형 서식] - [선 색: 검정], [너비: 2pt] 설정

3 [삽입] 탭 - [도형: 타원]을 **4** 처럼 **선** 도형 위에 삽입한 후 [마우스 오른쪽 단추] - [도형 서식] - [단색 채우기: 검정색], [선 색: 흰색], [너비: 4pt] 설정

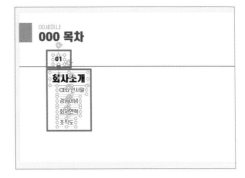

4 **타원** 도형 상단에 **텍스트 상자**를 삽입하여 숫자를 입력, 하단의 **텍스트 상자** 위치 및 글꼴 변경

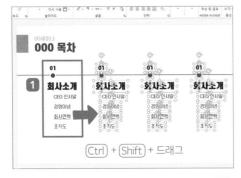

5 **1** 에 해당하는 전체 개체 선택 후 Ctrl + Shift 키를 누른 채 오른쪽으로 드래그해서 같은 간격으로 목차 내용 복사

6 **타원** 도형을 원하는 색상으로 변경

주제 전환을 알릴 때 꼭 필요한
간지 디자인 1

03

2021년도
사업 실적 및 현황

정기 현황
21년도 사업 실적
재무구조 개편 내역
사업 실적 및 현황 종합

항목과 내용이 많은 자료에 꼭 들어가는 슬라이드가 바로 간지입니다. 주제가 바뀔 때마다 간지를 이용해 주제 전환을 알리고, 앞으로 무엇에 대해 이야기할지 환기할 수 있기 때문이죠. 이미지가 슬라이드 전체를 덮지 않기 때문에, 간지에 들어가는 텍스트 요소가 많을 때 사용하기 좋은 디자인을 소개합니다.

**이지쌤의
원포인트
레슨**

이미지를 도형 모양으로 자르는 '도형에 맞춰 자르기' 기능
원하는 이미지 선택 후 [자르기] - [도형에 맞춰 자르기]를 적용하면 도형과 같은 모양의 이미지를 얻을 수 있습니다.

1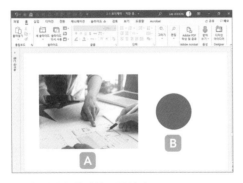

Ⓐ이미지, Ⓑ**타원** 도형 삽입

2

Ⓐ 선택 후 슬라이드에 2/3정도 채우기

3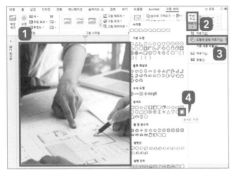

Ⓐ 선택 후 [그림 서식] 탭 - [자르기] - [도형에 맞춰 자르기] - [순서도: 지연] 적용

4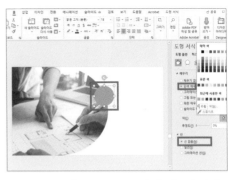

Ⓑ 선택 후 [마우스 오른쪽 단추] - [도형 서식] - [선: 없음], [단색 채우기: 원하는 색상] 적용

5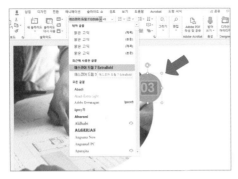

Ⓑ에 숫자 입력하고 [크기: 48pt], 굵은 글꼴 적용

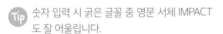 숫자 입력 시 굵은 글꼴 중 영문 서체 IMPACT 도 잘 어울립니다.

6

텍스트 상자를 삽입하고 제목 및 내용을 입력

_ □ ✕

제품 이미지를 삽입하여 만든
간지 디자인 2

제품 관련 파워포인트 자료를 만들 때는 제품 이미지를 디자인에 적극적으로 활용하는 것이 좋습니다. 이때 제품 이미지를 돋보이게 하려면 다른 디자인 요소는 복잡하지 않고 단순해야 합니다. 제품 이미지와 도형들을 활용해 간단하면서도 깔끔한 간지 디자인을 만들어 볼까요?

이지쌤의 원포인트 레슨

도형의 색상을 투명하게 만드는 '투명도'

[도형 서식] - [채우기]에서 투명도를 설정하면 개체 색상이 투명해지는 효과를 통해 다양한 연출이 가능합니다.

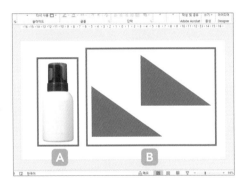

1 Ⓐ제품 이미지, Ⓑ**직각 삼각형** 도형 2개 삽입

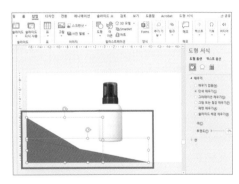

2 Ⓑ도형들을 위와 같이 각각 비율을 다르게 조정하여 슬라이드 왼쪽 하단에 겹쳐 주고, 둘 다 선택한 뒤 [도형 서식] 탭 클릭

3 [단색 채우기: 원하는 색], [투명도: 40%], [선: 없음] 적용

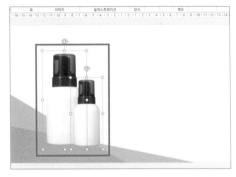

4 제품 이미지를 1개 더 복사하여 크기를 위와 같이 조정한 뒤 슬라이드 왼쪽 하단으로 이동

5 Ⓑ를 선택 후 그룹화(Ctrl + G)해서 복사, 회전시키고 슬라이드 오른쪽 상단에 배치

6 **텍스트 상자** 삽입 후 번호, 제목 등을 입력하여 완료

점 편집 기능을 활용한 가장 기본적인
본문 디자인 1

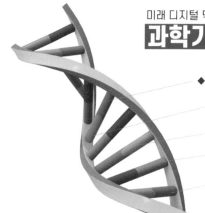

| 02 | **2021 5대 추진전략 및 중점과제** | 사업 추진전략, 중점계획 등 |

미래 디지털 먹거리를 위한
과학기술과 R&D 혁신

◆ DNA R&D **집중 개발 및 미래시장** 선점

◆ OOO 세포 치료 **핵심기술** 개발

◆ 나노기술에서 **나노산업 강국**으로 발전

◆ 우수 **원천기술 상용화** 지원 및 3대 애로기술 중점개발

◆ 재난 안전확보 및 **세이프티 기술** 개발

본문 디자인을 잘 만들어 놓으면, 규격화된 소제목 디자인을 적용해서 본문 전체에 통일감을 줄 수도 있답니다. 텍스트 상자와 점 편집 기능을 활용해서 가장 기본적인 형태의 본문 디자인을 만들어 볼게요.

이지쌤의 원포인트 레슨

도형의 모양을 내 마음대로 바꿀 수 있는 '점 편집' 기능

각종 도형을 삽입한 후 [마우스 오른쪽 단추] - [점 편집]을 활성화하면 도형의 각 모서리를 곡선이나 직선 등 다양한 형태로 변경할 수 있습니다.

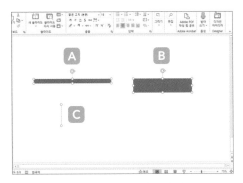

1 Ⓐ, Ⓑ**직사각형** 도형과 Ⓒ**선** 도형 삽입

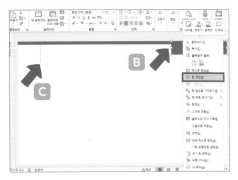

2 각 도형을 슬라이드의 상단에 위와 같이 배치하고 Ⓑ 선택 후 [마우스 오른쪽 단추] - [점 편집] 클릭

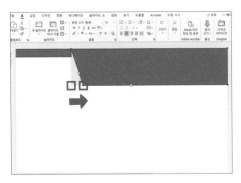

3 Ⓑ 왼쪽 하단의 점을 오른쪽으로 드래그하여 수평 이동

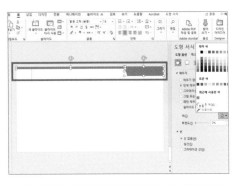

4 Ⓐ, Ⓑ를 선택하고 [도형 서식] 탭 - [단색 채우기: 원하는 색상], [선: 없음] 적용

5 Ⓒ의 색상을 회색으로 변경하고 [마우스 오른쪽 단추] - [맨 뒤로 보내기] 선택

6 **텍스트 상자** 삽입 후 내용 입력하여 완료

이미지를 통해 나만의 개성을 드러내는
본문 디자인 2

---

01 이지쌤 기본 역량 내가 가진 역량들을 적어보는 작은 텍스트 상자

**HONG GIL DONG
/ 홍길동**

Email : honggildong@naver.com
Kakao ID : gildong0000

· EDUCATION

2015.02	0000 대학교 졸업
2018.03	000 대학원 000 학과 입학
2020.03	000 대학원 석사졸업

· EXPERIENCE

2017.02	0000 대학 000 조교 000 학과 000 업무 진행
2018.03	0000 디지털 기업 0000 프로그램 개발 파트
2019.08	00 디지털 기업 00 파트 업무이전 000 소프트웨어 개발

클라우드 개발

AI 시스템 개발

웹 디자인

일러스트 스킬

본문 디자인은 일정한 규칙을 갖고 반복적으로 나오는 요소입니다. 따라서 본문 디자인을 활용하면 내가 어떤 사람인지, 또는 어떤 회사에 관한 이야기인지 등 프레젠테이션 대상의 개성을 드러낼 수 있습니다. 표현하고 싶은 내용이 담긴 대표 이미지를 활용해 기억에 오래 남는 본문 디자인을 만들어 보세요.

**이지쌤의
원포인트
레슨**

이미지의 색상을 바꾸는 '이미지 색' 기능
이미지를 선택한 후 [그림 서식] 탭 - [색]에서 원하는 색을 지정해 분위기를 바꿔 봅시다.

1 슬라이드에 주제와 관련한 이미지 삽입

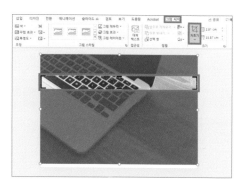

2 슬라이드에 이미지를 채운 뒤 [그림 서식] 탭 - [자르기] 클릭하고 이미지에서 활용할 부분을 가로로 길게 자르기

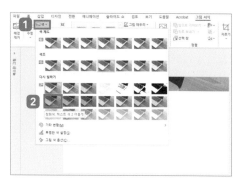

3 자른 이미지를 선택 후 [그림 서식] 탭 - [색] - [청회색] 적용

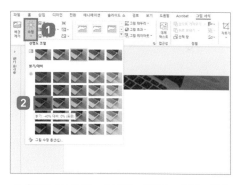

4 [그림 서식] 탭 - [수정] - [밝기: −40%, 대비: 0%] 적용

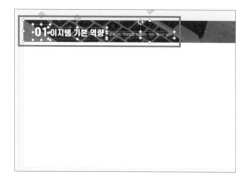

5 **텍스트 상자**를 삽입한 후 내용 입력하여 완료

여러 도형을 겹쳐서 심플한 포인트로 꾸민
본문 디자인 3

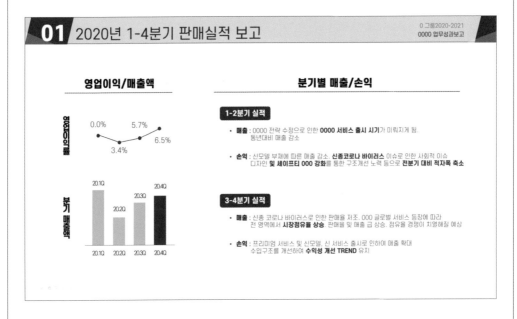

파워포인트 자료에 담아야 할 내용이 많을 때는 보는 사람 입장에서 눈이 피로하지 않을지 생각해 보는 것도 좋습니다. 이럴 때는 전체적으로 사용하는 색깔을 2~3가지로 줄이고, 멋을 부리기보다 깔끔하게 만드는 데 중점을 둡니다.

이지쌤의 원포인트 레슨

도형 삽입 시 1:1 비율로 만들어 주는 Shift 키

Shift 키를 누른 채 도형을 삽입하면 1:1 비율의 도형이 삽입됩니다. Ctrl + Shift 키를 누른 채 도형을 삽입하면 마우스를 클릭한 지점을 중심으로 삼은 1:1 비율의 도형을 삽입할 수 있습니다.

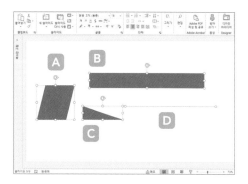

1 Ⓐ **평행 사변형**, Ⓑ **직사각형**, Ⓒ **직각 삼각형**, Ⓓ **선** 도형 삽입

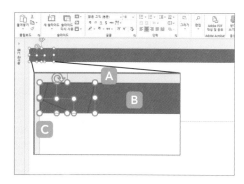

2 각 도형을 슬라이드의 상단에 위와 같이 배치, Ⓑ 위에 Ⓐ와 Ⓒ를 차례로 겹친 형태 (도형 순서 Ⓑ -Ⓐ-Ⓒ)

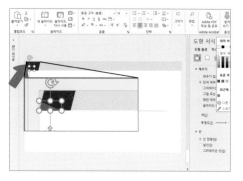

3 Ⓐ~Ⓒ의 [도형 서식]에서 모두 [선: 없음] 선택 후 Ⓐ는 [채우기: 진한 파랑], Ⓑ는 [채우기: 밝은 회색], Ⓒ는 [채우기: 흰색], [투명도: 70%] 적용

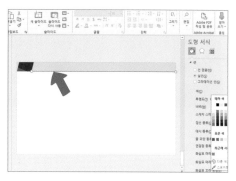

4 Ⓓ 선택 후 위와 같이 Ⓑ-Ⓐ-Ⓒ 도형 아래에 배치하고 [선 색: 어두운 회색] 적용

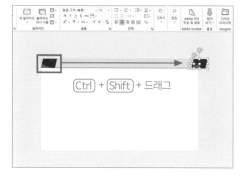

5 왼쪽의 Ⓐ, Ⓒ를 선택하여 오른쪽으로 수평 복사한 뒤 오른쪽의 직각 삼각형을 좌우 대칭으로 회전

6 **텍스트 상자**를 삽입한 후 내용 입력하여 완료

밋밋한 슬라이드에
그라데이션 효과로 응급 처방!

⊘ 그라데이션이란?

색조, 명암, 질감이 변하는 과정을 단계적으로 표현하는 예술 기법입니다.

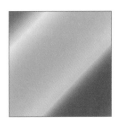

⊘ 그라데이션 효과는 왜 필요할까?

밋밋한 파워포인트에 생기를 불어넣는 데 그라데이션만큼 간편하고 효과적인 방법이 없습니다. 어딘가 심심했던 슬라이드에 그라데이션을 덧입히면 전체적으로 역동적이고 극적인 효과를 더할 수 있습니다.

⊘ 그라데이션 효과를 잘 활용하려면?

파워포인트에서 그라데이션 효과를 사용할 때는 기본적으로 두 가지 색상을 활용하는 것이 좋습니다. 여러 가지 색상을 사용하다 보면 자칫 촌스러워지기 쉽기 때문입니다. 그라데이션 효과를 적용하는 방법은 아래와 같습니다.

★ 41쪽의 4번 슬라이드에서 시작합니다.

❶ B 도형 선택 후 [마우스 오른쪽 단추] - [도형 서식] - [그라데이션 채우기]를 적용, 그라데이션 중지점 4개 중에 가운데 2개를 제거 버튼을 눌러 삭제

❷ 왼쪽의 중지점을 선택하고 원하는 색상 적용

❸ 오른쪽의 중지점에는 다른 색상 적용

❹ 2개의 중지점 모두 [투명도: 30%]로 설정

❺ [방향: 선형 대각선]을 선택하여 완료

사업 소개 PPT 디자인

사업 계획 PPT 디자인

사업 현황 PPT 디자인

추진 계획 PPT 디자인 1~3

판매 실적 PPT 디자인

사업 환경 PPT 디자인

사업 예산 PPT 디자인

기대 효과 PPT 디자인

PART 3

거친 데이터를 일목요연하게 보여 주는 보고서 디자인 10

산더미 같은 날것의 자료들을 상사와 동료 들에게 공유해야 할 때가 있습니다.
좋은 보고서일수록 보고를 받는 사람은 헤매지 않고 한눈에 요점을 파악할 수 있습니다.
사업 소개, 사업 계획, 기대 효과 등 자료에 따라 이미지, 스마트 아트, 그래프, 표 등을
적절히 배치하여 일목요연하게 보고서를 작성해 봅시다.

사업 내용을 생생하게 보여 주는
사업 소개 PPT 디자인

---

1. OOO D램 반도체 개발 사업 소개

 사업 1단계
OOO 시스템 반도체 라인

- 1995년 OOO 시스템 반도체 라인 인수 합병
- OOOO 기술 특허 및 OOOO억원 투입

- 3년간의 개발 공정 투자 및 개발
- OOO명 인력, OOOO 부지 등 다양한 성과

추진하고 있는 사업을 소개하기 위해서는 관련 이미지를 삽입하여 자료를 제작하는 것이 좋습니다. 이미지가 사업의 현장성이나 구체성을 더해 주기 때문이죠. 몇 개의 이미지와 그 라데이션 효과를 활용해 사업 소개 PPT 디자인을 만들어 볼게요.

이지쌤의 **이미지를 원하는 모양으로 자르는 '자르기' 기능**
원포인트 이미지 선택 후 [그림 서식] 탭 - [자르기]를 활용하여 이미지를 원하는 모양, 크기, 비율 등으로 자
레슨 를 수 있습니다.

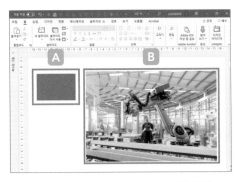

1 Ⓐ**사각형** 도형, Ⓑ 주제 관련 이미지를 삽입

2 Ⓑ 선택 후 [그림 서식] 탭 - [자르기] 적용하고 상/하단의 **검정색 바**를 움직여서 가로가 긴 형태로 자르기

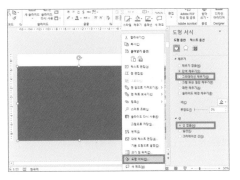

3 Ⓐ를 Ⓑ 위에 겹친 후 [마우스 오른쪽 단추] - [도형 서식] - [선: 없음], [채우기: 그라데이션 채우기] 적용

4 **그라데이션 중지점**을 2개만 남기고 삭제, 두 점 모두 [색: 흰색], [각도: 0°]로 설정한 뒤, 오른쪽 중지점은 [투명도: 100%]로 설정 추가

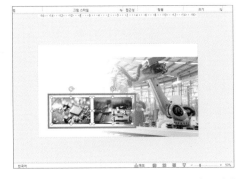

5 [삽입] 탭 - [그림]을 통해 사업과 관련 있는 이미지 2개를 추가로 삽입

6 추가한 이미지 선택 후 [그림 서식] 탭 - [그림 스타일] - [단순형 프레임, 흰색] 적용하고 제목 및 내용을 입력하여 완료

대표 이미지를 이용해 전체를 요약한
사업 계획 PPT 디자인

OOO 서비스 사업부
▌OOOO 내부 사업 계획

디지털 컴퓨팅

업무 효율 개선을 위한
내용 입력해 주세요

파트너쉽 체결

OOO과 함께 파트너쉽
내용을 입력해 주세요

편안한 업무 환경

OO명의 사원을 위한
OOO 업무 환경 조성

새롭게 진행하는 사업의 계획을 보고하려면, 전체 사업 분야가 한눈에 들어오게 설명하는 일이 필요하겠죠? 슬라이드에 담을 항목을 서너 가지로 간추려서 대표 이미지와 함께 제시하면, 보는 사람도 더 직관적으로 내용을 파악할 수 있답니다. 텍스트만으로 슬라이드를 채우기 어려울 때 활용하면 좋은 방법이기도 합니다.

**이지쌤의
원포인트
레슨**

나만의 디자인 틀을 만들어 주는 '슬라이드 마스터'

[보기] 탭 - [슬라이드 마스터]를 통해 자주 사용하는 디자인 틀을 만들어 두면 작업 시간을 아낄 수 있습니다.

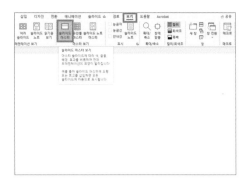

1 [보기] 탭 - [슬라이드 마스터] 선택

2 왼쪽 영역의 **슬라이드 마스터** 클릭하여 기본 **개체 틀**을 삭제한 후 [슬라이드 마스터] 탭 - [개체 틀 삽입] - [그림] 선택

3 **개체 틀**을 정사각형 형태로 삽입 후 [도형 서식] 탭 - [도형 편집: 도형 모양 변경] - [타원] 선택

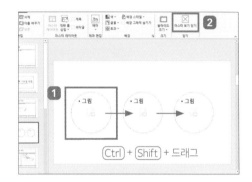

4 원의 형태로 변경된 **개체 틀**을 오른쪽으로 원하는 개수만큼 수평 복사하고 [마스터 보기 닫기] 선택

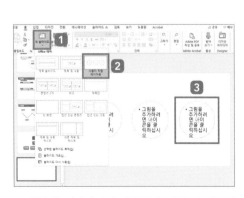

5 [홈] 탭 - [새 슬라이드] 클릭 후 방금 전 만든 **레이아웃**을 적용하고 **개체 틀** 속 아이콘을 클릭하여 원하는 이미지 삽입

6 만들어 놓은 틀 모양에 맞게 이미지가 삽입된 것을 확인하고 **텍스트 상자**를 추가하여 내용 작성

갈래별 분류가 한눈에 들어오는
사업 현황 PPT 디자인

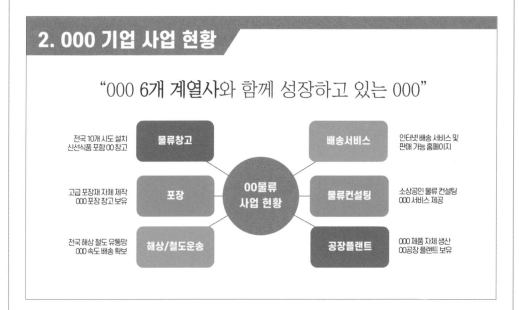

사업 현황을 보고할 때 다양한 사업군을 갈래별로 잘 보이게 표현해야 하겠죠. 본 사업을 중심에 두고 세부 항목이 주변으로 뻗어나가는 형태의 디자인은 사업의 현황이 어떤지 체계적으로 보여 줍니다. 스마트 아트 기능을 활용해서 방사형 모양으로 사업 현황을 정리해 볼게요.

이지쌤의 원포인트 레슨

텍스트만 입력해도 화려한 시각 자료를 만들어 주는 '스마트 아트' 기능
텍스트 상자에 내용을 입력 후 [홈] 탭 - [SmartArt 그래픽으로 변환]을 선택하면 수십 가지의 다이어그램 형태로 자료를 정리할 수 있습니다.

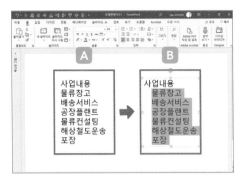

1 **텍스트 상자**에 내용을 A처럼 입력하고 원하는 하위 항목을 드래그 후 [Tab] 키를 눌러서 B처럼 정리(들여쓰기 적용)

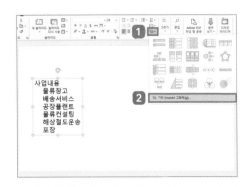

2 **텍스트 상자** 선택 후 [홈] 탭 - [SmartArt 그래픽으로 변환] - [기타 SmartArt 그래픽] 클릭

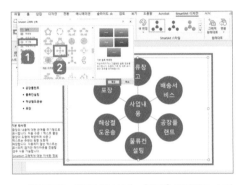

3 [주기형] - [기본 방사형] - [확인] 클릭하고 스마트 아트로 변환된 것을 확인

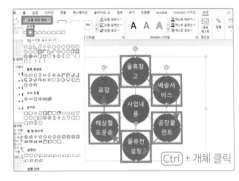

4 하위 항목에 해당하는 도형들을 모두 클릭한 후 [서식] 탭 - [도형 모양 변경] - [사각형: 둥근 모서리]로 모양 변경

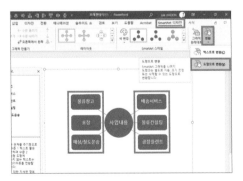

5 각 도형의 위치를 움직여 위와 같이 정렬하고 모두 선택해서 [SmartArt 디자인] 탭 - [변환] - [도형으로 변환] 적용

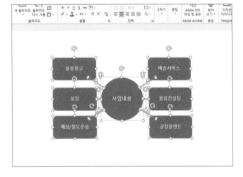

6 텍스트 스타일 및 도형 색상 변경하여 완료

단계별 프로세스를 표현하기 좋은
추진 계획 PPT 디자인 1

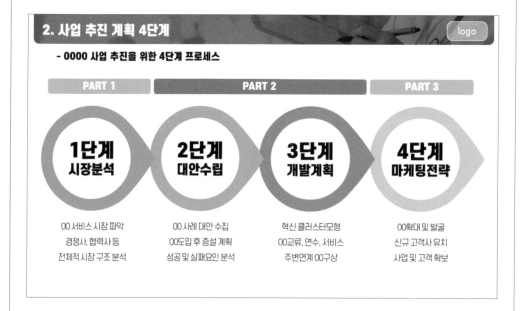

사업 추진 계획은 보통 여러 단계로 나누어져 있고, 단계별로 달성해야 하는 대표 과제들이 있습니다. 여기서는 눈물 방울 모양의 도형을 사용해서 단계별 프로세스를 표현하는 디자인을 만들어 봅니다. 색상을 달리한 같은 모양의 도형을 활용해서 각 단계의 핵심만 표현하고, 하단에는 텍스트 상자를 삽입해서 관련 내용을 보충합니다.

이지쌤의 원포인트 레슨

여러 개의 도형을 겹쳐서 새로운 도형을 만드는 '도형 병합' 기능

도형, 텍스트, 이미지 등을 겹쳐 놓은 상태에서 '도형 병합' 기능을 활용하면 새로운 형태의 도형을 제작할 수 있습니다. 파워포인트 2013 버전 이상에서 활용 가능합니다.

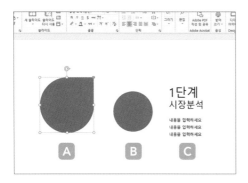

1 [삽입] 탭에서 **A** **눈물 방울** 도형, **B** **타원** 도형, **C** **텍스트 상자** 삽입

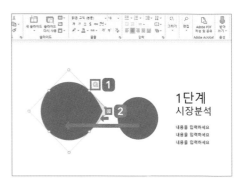

2 **A** 를 오른쪽으로 45° 회전, **노란 점**을 드래그하여 왼쪽으로 살짝 이동시키고 **B** 를 **A** 위에 겹치기

> **Tip** 눈물 방울 도형들이 부드럽게 이어지도록 끝을 적절히 조정합니다.

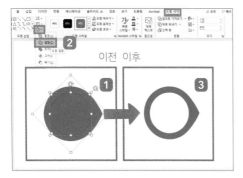

3 겹쳐진 2개의 도형을 선택 후 [도형 서식] 탭 - [도형 병합] - [결합]을 클릭하면 **3** 과 같은 **가운데가 뻥 뚫린 도형** 완성

4 **가운데가 뻥 뚫린 도형**에 미리 입력해 둔 **C** 를 배치하고 글꼴 변경

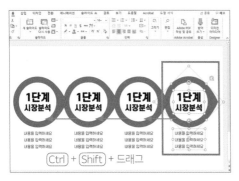

5 가장 오른쪽에 있는 모든 개체 선택 후 왼쪽으로 수평 복사

6 **텍스트 상자**의 내용을 채워 넣고 **가운데가 뻥 뚫린 도형**의 색상을 변경하여 마무리

영역을 구분하여 많은 내용을 깔끔하게 정리한
추진 계획 PPT 디자인 2

하나의 슬라이드에서 보여 주어야 하는 요소가 다양할 경우 활용하면 좋은 디자인입니다. 사업 계획의 거시적 관점과 세부 요소까지 모두 담고 싶다면 상단과 하단의 영역을 나누어 내용을 배치하면 됩니다. 제목이 들어가는 자리에 여러 개의 도형을 겹치게 배치해서 마치 책갈피가 접혀 있는 것처럼 입체감을 주어 세부 요소들을 명확히 구분합니다.

이지쌤의　　**개체들을 하나의 그룹으로 묶는 '그룹화' 기능**
원포인트　　원하는 개체 선택 후 Ctrl + G 키를 누르면 그룹화되어 하나의 개체를 편집하는 것처럼 작업할
레슨　　　　수 있습니다. 그룹 해제는 Ctrl + Shift + G 키를 함께 누릅니다.

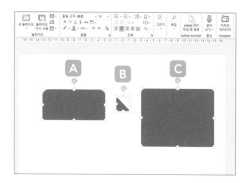

1 A**사각형: 둥근 위쪽 모서리** 도형, B**직각 삼각형** 도형, C**사각형: 둥근 모서리** 도형 삽입

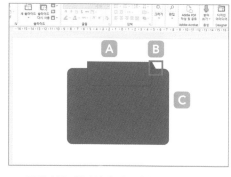

2 A를 180° 회전시킨 뒤 3개의 도형을 위와 같이 배치하고, B의 크기를 위와 같이 변경

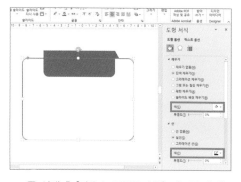

3 C 선택 후 [마우스 오른쪽 단추] - [도형 서식] - [단색 채우기: 흰색], [선 색: 검정] 으로 설정

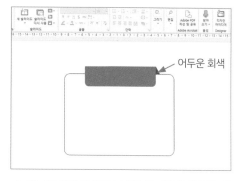

4 A, B 선택 후 [도형 서식] 탭 - [단색 채우기: 회색], [선 색: 없음]으로 설정, B는 조금 더 어두운 색으로 변경

> **Tip** 책갈피가 접힌 느낌을 내기 위해 직각 삼각형 도형의 색상을 A보다 어둡게 해주는 것이 포인트입니다.

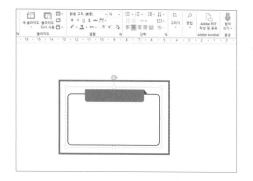

5 모든 도형을 선택해서 그룹화((Ctrl) + (G))

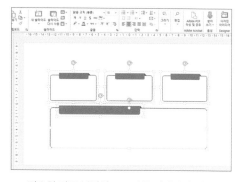

6 필요한 만큼 복사하고 크기를 변경해서 배치

일의 진행 순서대로 한눈에 딱!
추진 계획 PPT 디자인 3

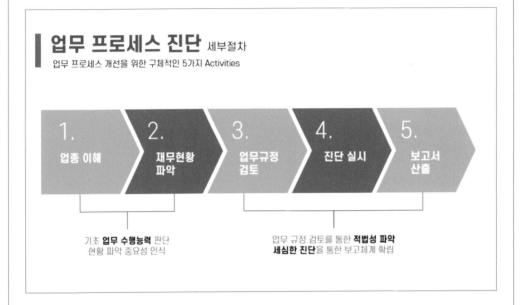

반복과 변주를 통해 차분한 컬러 톤으로 프로세스를 설명하는 디자인입니다. 여백을 두고 각진 도형을 배치하여 프로세스를 좀 더 명확하게 구분합니다. 하단에는 프로세스 과정들을 묶어서 그 의미를 부연할 수 있도록 설명 영역을 추가했습니다.

이지쌤의 원포인트 레슨

텍스트만 입력해도 화려한 시각 자료를 만들어 주는 '스마트 아트' 기능

텍스트 상자에 내용을 입력 후 [홈] 탭 – [SmartArt 그래픽으로 변환]을 선택하면 수십 가지의 다이어그램 형태로 자료를 정리할 수 있습니다.

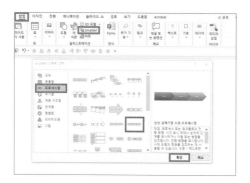

1 [삽입] 탭 - [SmartArt] - [프로세스형] - [닫힌 갈매기형 수장 프로세스형] - [확인]

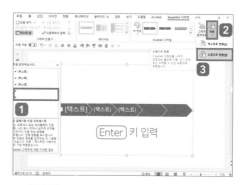

2 Enter 키를 눌러서 왼쪽에 텍스트 입력 칸을 2 개 더 만들고 [SmartArt 디자인] 탭 - [변환] - [도형으로 변환]

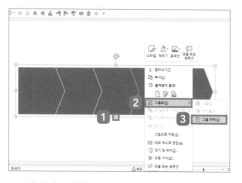

3 하단 가운데 **흰 점**을 아래로 당겨 크기를 키우고 [마우스 오른쪽 단추] - [그룹화] - [그룹 해제]

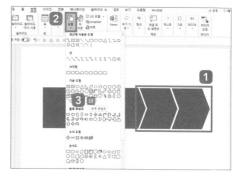

4 위와 같이 도형을 각각 움직여 도형 사이의 틈을 벌린 후 하단에 [삽입] 탭 - [도형] - [왼쪽 중괄 호] 삽입

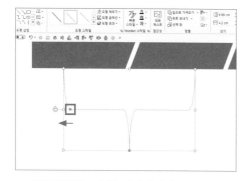

5 **왼쪽 중괄호** 도형을 반시계 방향으로 45° 회전 후 **노란 점**을 왼쪽으로 드래그해서 괄호 모양을 각지게 변경

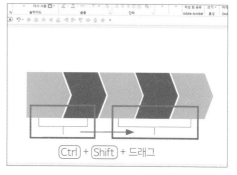

6 **왼쪽 중괄호** 도형 선택 후 수평 복사하고 **텍스트 상자**를 삽입하여 완료

통계 자료 비교는 막대그래프로 더욱 확실하게
판매 실적 PPT 디자인

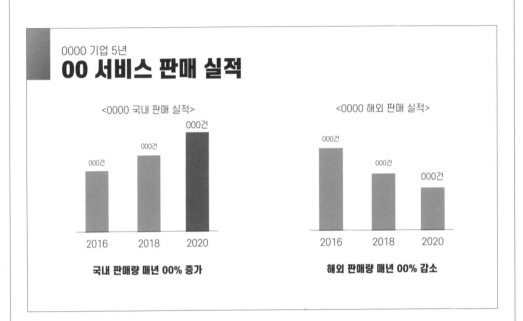

판매 실적을 보고할 때 추이를 보여 주기에는 막대그래프 형태가 적절합니다. 이런 막대그래프는 주로 차트를 이용해서 만들죠. 데이터를 차트로 변환할 생각을 하면 벌써 머리가 지끈거리는 분들이 계실 겁니다. 여기서는 복잡한 차트 기능 대신 도형을 활용해서 최종 결과값을 강조하는 막대그래프를 만들어 볼게요.

이지쌤의 원포인트 레슨

개체를 수직/수평으로 복사하는 Ctrl + Shift + 드래그
원하는 개체를 선택 후 Ctrl + Shift 키를 누른 채 상하좌우로 이동시키면 수직/수평 복사할 수 있습니다.

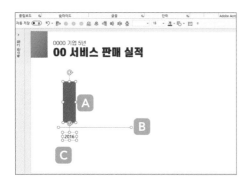

1 Ⓐ**직사각형** 도형, Ⓑ**선** 도형 Ⓒ**텍스트 상자** 삽입

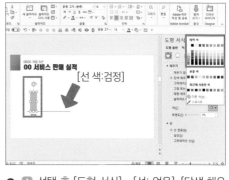

2 Ⓐ 선택 후 [도형 서식] - [선: 없음], [단색 채우기: 회색] 적용, Ⓑ는 [선 색: 검정색] 적용하고 위의 그림처럼 위치 변경

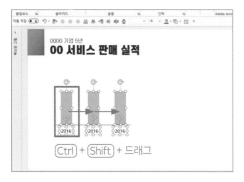

3 Ⓐ, Ⓒ를 함께 선택한 후 원하는 개수만큼 오른쪽으로 수평 복사

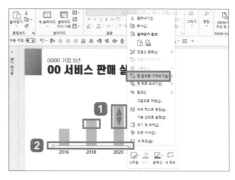

4 각 직사각형의 높이를 변경하고, Ⓑ 선택 후 [마우스 오른쪽 단추] - [맨 앞으로 가져오기]

Tip Ⓐ가 Ⓑ보다 앞쪽에 있으면 부자연스러워 보입니다. 세밀하게 조정해 주세요.

5 여러 개의 **텍스트 상자**를 삽입하여 수치와 내용을 입력, 강조하고 싶은 직사각형의 색상 변경

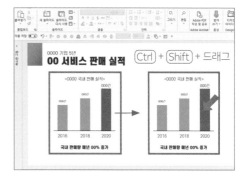

6 왼쪽의 모든 개체를 선택한 후 수평 복사하고 수치, 색상, 도형 높이를 조절하여 완료

사업 분석의 기본, SWOT 분석
사업 환경 PPT 디자인

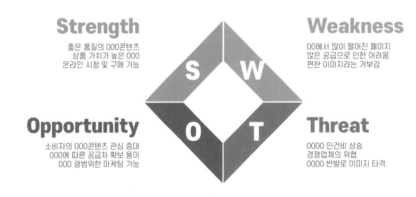

SWOT 분석은 사업 환경의 다양한 요소를 분석해서 기업의 비전과 전략을 구축하는 마케팅 기법입니다. 중요한 의사결정에서 판단의 근거가 되기 때문에 분석 결과를 제대로 전달해야겠죠. 각 항목에 맞는 분석 내용이 확실하게 구분될 수 있도록 도형을 활용하면 좋습니다.

이지쌤의 원포인트 레슨

도형을 15° 각도로 회전시키는 Shift 키

개체를 회전시킬 때 Shift 키를 누른 채 회전 버튼을 클릭하면 개체가 15°씩 회전합니다. 보다 정교하게 회전을 컨트롤할 수 있습니다.

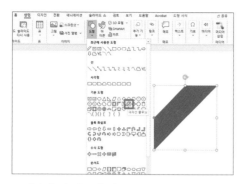

1 [삽입] 탭 - [도형] - [대각선 줄무늬] 클릭해서 도형 삽입

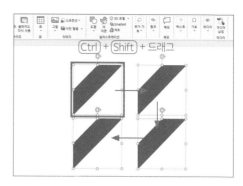

2 도형을 선택하고 3개 더 수직/수평 복사

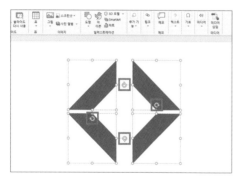

3 각 도형을 90°, 180°, 270°로 회전

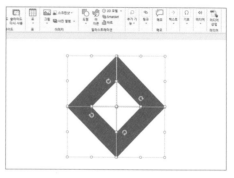

4 4개의 도형을 모아서 마름모 모양을 만든 뒤 각 도형의 색상을 변경

5 **텍스트 상자**를 삽입하여 내용을 입력하고 스타일 변경

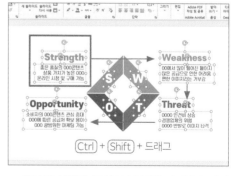

6 **텍스트 상자**를 수직/수평 복사한 뒤 내용을 변경하여 완료

숫자가 많은 자료는 표로 깔끔하게
사업 예산 PPT 디자인

6. OOO 편성 예산 현황

2019-2020년 예산 세입, 세출 내역에 대한 보고

2020 편성 예산 현황

	세 입				세 출		
과목	2019예산	2020예산	증감	과목	2019예산	2020예산	증감
총계	2,228,341	3,040,887	812,546	총계	2,228,341	3,040,887	812,546
1. 보조금수입	-	-	0	1. 사무비	2,228,341	2,841,220	612,879
경상운영보조금	-	-	0	인건비	1,852,473	2,341,520	489,047
후원금 수입	-	-	0	업무추진비	-	-	0
2. 전입금	-	-	0	운영비	375,868	499,700	123,832
3. 사업수입	2,178,214	2,987,152	808,938	2. 재산조성비	-	-	0
4. 이월금	25,142	21,578	-3,564	3. 사업비	-	-	0
5. 잡수익	24,985	32,157	7,172	4. 예비비	-	199,667	199,667

사업 예산을 짤 때는 예산의 증감 여부를 비교하는 경우가 많습니다. 숫자가 많이 들어가고 항목별로 보기 편해야 하기 때문에 표를 이용하는 것이 좋답니다. 표의 테두리와 각 칸의 색상과 크기를 잘 조절하면 가독성이 무척 높아집니다.

이지쌤의 원포인트 레슨

원하는 대로 스타일을 설정할 수 있는 '표 디자인'
엑셀에서 복사한 표를 슬라이드에 붙여넣기 한 후 [표 디자인] 탭에서 원하는 디자인을 적용하면 손쉽게 스타일을 변경할 수 있습니다.

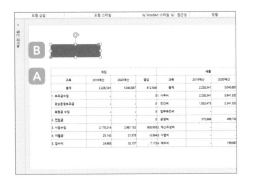

1 예산 관련 표를 Ⓐ와 같이 넣고 Ⓑ **사각형: 둥근 위쪽 모서리** 도형을 삽입

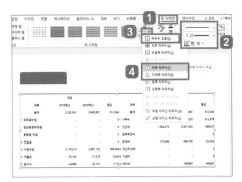

2 Ⓐ 선택 후 [표 디자인] 탭 - [펜 색: 파랑], [너비: 3pt], [테두리: 테두리 없음, 위쪽 테두리, 아래쪽 테두리] 적용

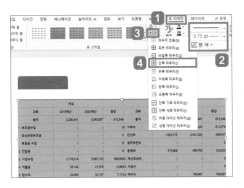

3 표 전체 드래그 후 [표 디자인] 탭 - [펜 색: 회색], [너비: 0.75pt], [테두리: 안쪽 테두리] 적용

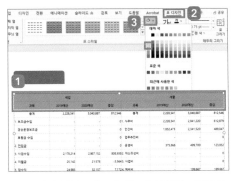

4 표 상단 부분 드래그 후 [표 디자인] 탭 - [채우기: 회색] 적용

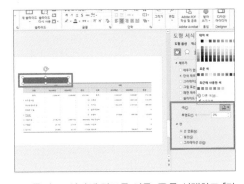

5 Ⓑ가 표 상단에 닿도록 이동, Ⓑ를 선택하고 [마우스 오른쪽 단추] - [도형 서식] - [선: 없음], [단색 채우기: 파랑] 적용

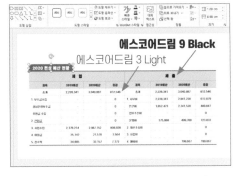

6 필요한 내용을 입력하고 표 안쪽 텍스트의 글꼴 및 크기 변경

보고서의 마무리를 장식하는
기대 효과 PPT 디자인

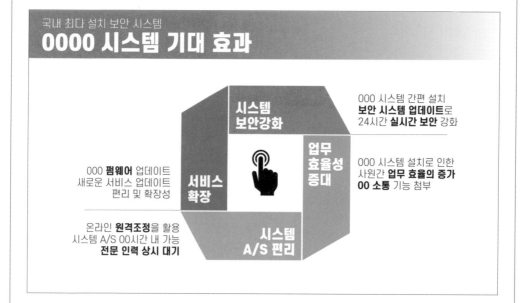

국내 최다 설치 보안 시스템
0000 시스템 기대 효과

시스템 보안강화

000 시스템 간편 설치
보안 시스템 업데이트로
24시간 **실시간 보안** 강화

업무 효율성 증대

000 시스템 설치로 인한
사원간 **업무 효율**의 증가
00 소통 기능 첨부

000 **펌웨어** 업데이트
새로운 서비스 업데이트
편리 및 확장성

서비스 확장

온라인 **원격조정**을 활용
시스템 A/S 00시간 내 가능
전문 인력 상시 대기

시스템 A/S 편리

어떤 사업이든 관련 내용을 설명한 뒤 이 사업을 통해 거둘 수 있는 구체적인 효과를 제시하는 것은 보고나 발표의 마무리에 필수입니다. 이번에는 눈에 확 띄는 색상의 도형을 이용해서 항목들을 정리해 볼까요?

**이지쌤의
원포인트
레슨**

도형의 모양을 내 마음대로 바꿀 수 있는 '점 편집' 기능

각종 도형을 삽입한 후 [마우스 오른쪽 단추] - [점 편집]을 활성화하면 도형의 각 모서리를 곡선이나 직선 등 다양한 형태로 변경할 수 있습니다.

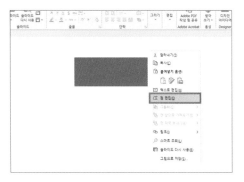

1 **직사각형** 도형 삽입 후 [마우스 오른쪽 단추] - [점 편집] 선택

2 오른쪽 상단의 **검정색 점**을 드래그하여 왼쪽으로 약간 이동

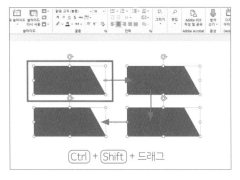

3 도형을 선택하고 3개 더 수직/수평 복사

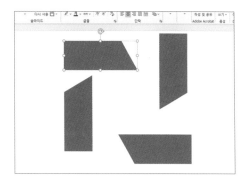

4 각 도형을 90°, 180°, 270°로 회전

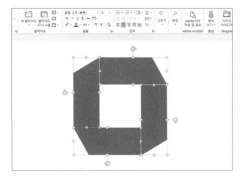

5 각 도형을 위와 같은 모양으로 재배치

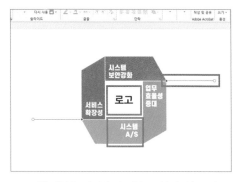

6 도형 색상을 변경한 뒤 **텍스트 상자**, **선** 도형, **로고** 삽입하고 내용 입력

슬라이드 마스터로
나만의 틀을 만들어 보자

⊘ 슬라이드 마스터란?

마스터 슬라이드에 설정해 둔 레이아웃이 모든 슬라이드의 디자인에 적용되는 기능입니다. 새 슬라이드를 생성해도 마스터 슬라이드의 디자인 요소들이 자동으로 표시됩니다.

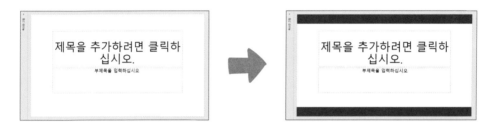

⊘ 슬라이드 마스터는 왜 필요할까?

파워포인트를 만들다 보면 자주 사용하는 디자인이 생기기 마련입니다. 상황에 따라 어울리는 디자인 유형들이 있기도 하고요. 그런데 매번 빈 슬라이드에 하나하나 채워 나간다면 시간도 오래 걸리고 비효율적이겠죠. 슬라이드 마스터 기능을 활용해서 자주 사용하는 틀을 잡아 두고 필요할 때마다 적용하면 더 쉽고 빠르게 파워포인트를 제작할 수 있고 나만의 개성과 센스도 선보일 수 있습니다.

슬라이드 마스터 기능을 이용하여, 자주 사용하는 레이아웃에 맞게 이미지를 삽입한 예시

⊘ 슬라이드 마스터 활용 노하우

파워포인트의 제작 목적에 맞게 몇 가지 레이아웃을 미리 만들어 두면 좋습니다. 자주 사용하는 이미지의 크기나 모양, 텍스트의 크기나 글꼴 및 색상 등이 있다면 마스터 슬라이드에 저장했다가 [보기] 탭 - [슬라이드 마스터] - [마스터 레이아웃] - [개체 틀 삽입]을 선택하여 적용해 봅시다.

 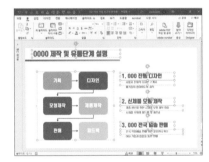

85

PART 4

경쟁PT에서 단박에 통과되는
제안서 디자인 10

경쟁사들과의 경합에서 이기기 위해서는 제안을 잘 준비하는 것은 물론이고,
그 내용을 더욱 돋보이게 하는 매력적인 제안서 디자인이 필수입니다.
타사와 비교해 자사의 특징, 강점 등을 돋보이게 하는 디자인을 소개합니다.

표를 활용해서 개요를 깔끔하게 정리한
사업 개요 PPT 디자인

---

1. 00000 사업 개요

- 000 사업을 위한 00 개요

"저희는 0000 사업을 10년째 진행하고 있습니다"

주 관 기 관	㈜ 00000 회사
소 재 지	서울 특별시 중구 000로
대 표 자	이 지 쌤
사 업 자 번 호	202-00-00000
자 본 금	35억
생 산 능 력	연 생산 0000 개
판 매 실 적	2020년 총 판매 00억

사업 개요 슬라이드에서는 사업의 전반적인 내용을 파악할 수 있어야 합니다. 텍스트의 가독성을 높일 수 있도록 표를 활용해서 개요를 깔끔하게 정리한 디자인을 소개합니다. 표에 꼭 포함해야 하는 내용을 입력한 뒤 표의 스타일을 변경하고, 왼쪽 텍스트의 시작 지점과 끝 지점을 맞춰 볼게요.

이지쌤의 원포인트 레슨

다른 프로그램에서 표 데이터 바로 가져오기

엑셀, 한글, 워드 문서에 있는 표를 복사하여 파워포인트에 붙여넣기 하면 바로 표 형태로 편집이 가능합니다.

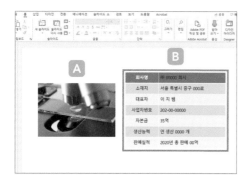

1 주제와 관련 있는 A 이미지, 개요를 적은 B 표 삽입

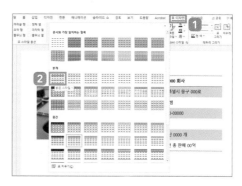

2 B 선택 후 [표 디자인] 탭 - [표 색상] - [밝은 스타일 1] 선택

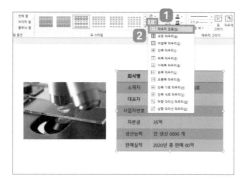

3 B 선택 후 [표 디자인] 탭 - [테두리] - [테두리 없음] 선택

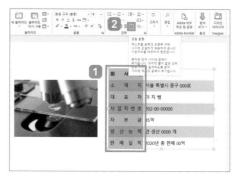

4 표 왼쪽의 **제목 영역** 드래그 후 [홈] 탭 - [균등 분할] 선택

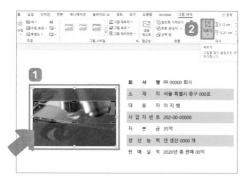

5 A 선택 후 [그림 서식] 탭 - [자르기] 선택하고 이미지를 가로로 길게 자르기

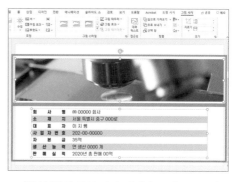

6 A 와 B 를 위와 같이 배치하고 텍스트 스타일 수정해서 완료

핵심 키워드를 시각화해서 보여 주는
사업 배경 PPT 디자인

사업 배경은 전체 제안서의 도입부 역할을 합니다. 사업 배경의 핵심 키워드를 뽑아내고 도형을 이용해서 시각화하는 디자인을 만들어 봅니다. 도형 병합 기능으로 다양한 도형을 만들어서 포인트를 강조하세요.

이지쌤의 원포인트 레슨

여러 개의 도형을 겹쳐서 새로운 도형을 만드는 '도형 병합' 기능

도형, 텍스트, 이미지 등을 겹쳐 놓은 상태에서 '도형 병합' 기능을 활용하면 새로운 형태의 도형을 제작할 수 있습니다. 파워포인트 2013 버전 이상에서 활용 가능합니다.

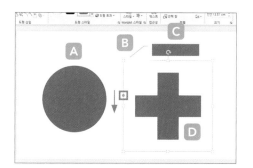

1 A 타원 도형, B 설명선: 굽은 선(테두리 없음) 도형, C 직사각형 도형, D 십자형 도형을 삽입하고 D의 **노란 점**을 아래쪽으로 드래그하여 얇은 십자 모양으로 변경

> **Tip** 가로와 세로가 1:1 비율인 도형을 만들려면 [Shift] 키를 누른 채 삽입합니다.

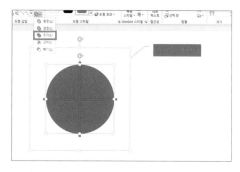

2 A보다 D를 조금 더 크게 키운 뒤 두 개체를 겹치기, 모두 선택 후 [도형 서식] 탭 - [도형 병합] - [조각] 선택

> **Tip** [도형 병합] - [조각] 기능은 파워포인트 2013 버전 이상에서 활용 가능합니다.

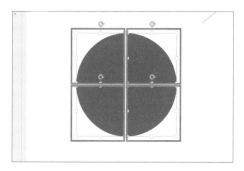

3 조각난 도형들 중 원 안쪽의 얇은 십자 모양 부분을 삭제하여 원을 4조각으로 만들고 각 조각의 색상을 변경

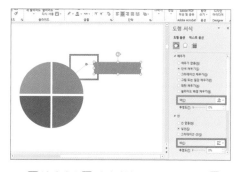

4 B 설명선과 C 직사각형의 색상을 조각난 A와 같은 색으로 변경, B의 **노란 점**을 움직여서 선 모양을 조정

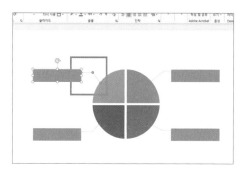

5 B + C 를 3개 더 복사한 뒤 각각의 **노란 점**을 움직여서 조각난 A와 연결되도록 조정

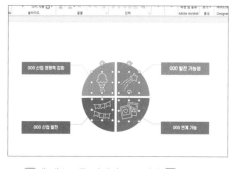

6 C에 텍스트를 입력하고 조각난 A에 아이콘을 삽입하여 완성

도형을 활용해서 3가지 핵심 상황을 요약한
현재 상황 PPT 디자인

---

2. 000 사업 현 상황

000 교육 사업은 현재 3가지 상황으로 구성
000 사업 특성 중 000 이해하고 분석

- 00 학습 내용
- 000 시스템 개설
- 000 문제 상황 정리

교육 학습

창의적 학습 체계

온라인 교육 실천

- 000 학습 업무
- 000 네트워크 구성
- 솔루션 네트워크 000

- 000 학습 및 00 교육
- 온라인 000 실천

3가지 색상의 도형을 활용해 현 상황을 간단하게 요약하고, 상황에 따른 과제를 정리한 디자인을 만들어 볼게요. 같은 모양의 도형을 여러 개 겹쳐서 연결하면 더 많은 가짓수의 상황 분석도 가능하답니다.

이지쌤의 원포인트 레슨

도형을 15° 각도로 회전시키는 Shift 키

개체를 회전시킬 때 Shift 키를 누른 채 회전 버튼을 클릭하면 개체가 15°씩 회전합니다. 보다 정교하게 회전을 컨트롤할 수 있습니다.

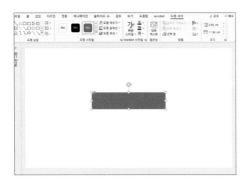

1 슬라이드에 **사각형: 둥근 모서리** 도형 삽입

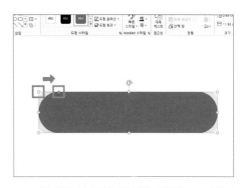

2 도형 왼쪽 상단의 **노란 점**을 오른쪽으로 이동시켜 모서리 부분을 더 동그랗게 만들기

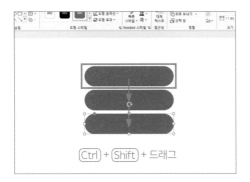

3 도형을 아래 방향으로 2개 더 수직 복사

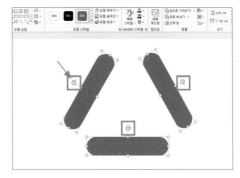

4 각 도형을 선택한 후 Shift 키를 누른 채 **회전 표시**를 클릭

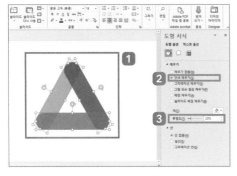

5 세 도형을 겹쳐 주고, 각각 도형 선택 후 [마우스 오른쪽 단추] - [도형 서식] - [단색 채우기: 원하는 색상], [투명도: 20%] 적용

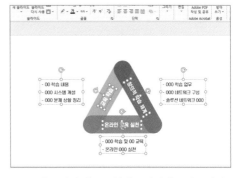

6 도형 주변에 **텍스트 상자**를 삽입하고 내용 입력

스마트폰 이미지로 온라인 서비스를 설명한
서비스 소개 PPT 디자인

온라인 서비스의 사용 방법을 설명하는 슬라이드 디자인입니다. 어플리케이션 사용 방법을 소개하기 위해 스마트폰 이미지를 활용해 볼게요. 하나의 틀만 만들어 두면 스마트폰 화면 속 이미지는 쉽게 바꿀 수 있기 때문에 생각보다 간단한 디자인입니다. 도형을 이용해서 순서를 나타내는 화살표도 만들어 보세요.

**이지쌤의
원포인트
레슨**

이미지를 단번에 바꿔 주는 '그림 바꾸기' 기능
이전에 삽입된 이미지와 같은 크기, 모양으로 다수의 이미지를 삽입할 때 유용한 기능입니다. 이미지 선택 후 [마우스 오른쪽 단추] - [그림 바꾸기]에서 필요한 옵션을 고르세요.

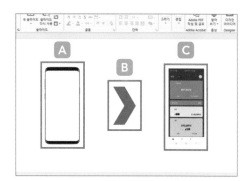

1 A 스마트폰 이미지, B 화살표: 갈매기형 수장 도형, C 스마트폰 화면 캡처 이미지 삽입

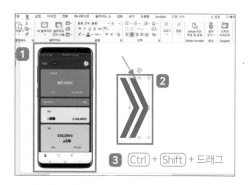

2 A, C를 1 과 같이 겹쳐 주고 B의 **노란 점**을 드 래그해서 도형의 두께를 얇게 만든 후 수평 복사

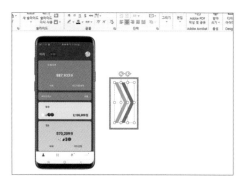

3 왼쪽 화살표는 밝은 색상, 오른쪽 화살표는 어두 은 색상으로 변경

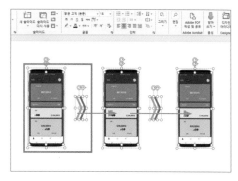

4 이미지와 도형 개체를 모두 선택한 후 오른쪽으 로 수평 복사(화살표 도형은 스마트폰 이미지 사 이에만 위치하도록 수정)

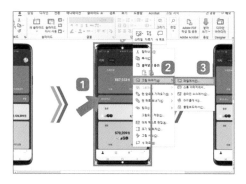

5 두 번째 스마트폰 화면 캡처 이미지 선택 후 [마 우스 오른쪽 단추] - [그림 바꾸기] - [파일에서] 선택하고 다른 캡처 이미지 삽입

6 모든 이미지 변경 후 중요한 부분은 빨간 테두리 로 강조해서 완료

원형 차트로 점유율을 시각화한
시장 분석 PPT 디자인 1

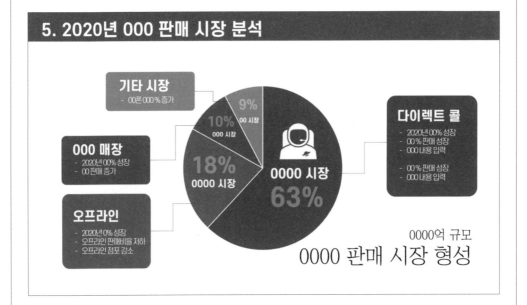

시장을 분석한 내용을 정리할 때, 시장의 규모와 함께 점유율을 시각화해서 나타내면 단순히 숫자로 표현하는 것보다 효과적입니다. 원형 차트를 이용하면 점유율에 해당하는 퍼센티지만큼 원을 조각낼 수 있습니다. 원에 연결된 박스에는 관련 내용을 보충합니다.

이지쌤의 원포인트 레슨

통계 자료를 시각적으로 표현해 주는 '차트' 기능

[삽입] 탭 - [차트]에서 차트를 삽입해서 숫자가 많은 자료들을 시각화해 보세요.

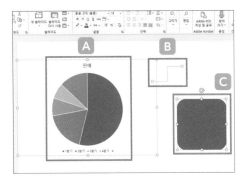

1 [삽입] 탭 - [차트] - Ⓐ **원형 차트** 만들고, [삽입] 탭 - [도형] - Ⓑ **연결선: 꺾임** 도형, Ⓒ **사각형: 둥근 모서리** 도형 삽입

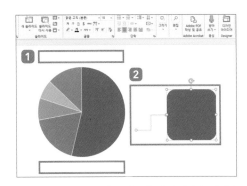

2 Ⓐ의 위아래에 있는 제목과 범례 영역을 선택하여 삭제하고 Ⓑ, Ⓒ 를 **2** 와 같이 배치

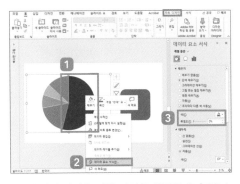

3 Ⓐ에서 색상을 바꿀 영역을 클릭한 후 [마우스 오른쪽 단추] - [데이터 요소 서식] 선택하여 색상 변경, Ⓐ의 나머지 부분도 원하는 색상으로 변경

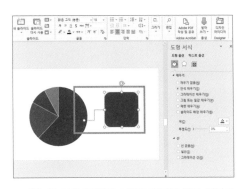

4 Ⓑ, Ⓒ 또한 Ⓐ에서 설명할 영역과 같은 색상으로 변경하고 위와 같이 배치

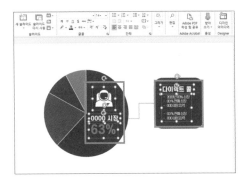

5 **텍스트 상자**와 **아이콘**을 삽입하고 내용 입력

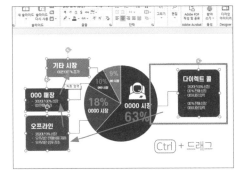

6 Ⓑ, Ⓒ와 **텍스트 상자**를 모두 선택하고 원하는 위치로 복사한 후 텍스트 수정

아이콘을 활용해 추이 변화를 나타내는
시장 분석 PPT 디자인 2

5. 00 사업 시장 분석

- 000 사업 분야에서 꼭 필요한 일회용 컵, 커피 소비량 차트 분석

<일회용 컵 사용량>

000 만개

00 만개

2015년　　2017년　　2020년

- 000 일회용 컵 사용량 00% 감소
- 일회용 종이컵 판매 시장의 축소 예상

<커피 소비량>

0000만 톤

000만 톤

2015년　　2017년　　2020년

- 000 커피 소비량 00% 증가
- 커피 소비 증가로 인한 000 산업 증가 예상

아이콘 출처: flaticon

시장 분석을 위해서 다양한 통계 자료를 슬라이드에 삽입하는 경우가 많습니다. 이때 통계 자료에 알맞은 아이콘을 활용하면 자료를 보고 내용을 이해하기가 더 편리합니다. 아이콘의 크기를 수치에 맞게 조정하고 화살표를 활용하면 추이의 증가와 감소를 표현하기에 좋답니다.

이지쌤의 원포인트 레슨

이미지를 단번에 바꿔 주는 '그림 바꾸기' 기능

이전에 삽입된 이미지와 같은 크기, 모양으로 다수의 이미지를 삽입할 때 유용한 기능입니다. 이미지 선택 후 [마우스 오른쪽 단추] - [그림 바꾸기]에서 필요한 옵션을 고르세요.

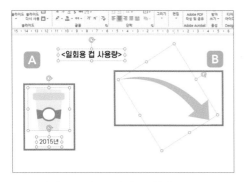

1 A 아이콘과 **텍스트 상자**, B **화살표** 도형 삽입

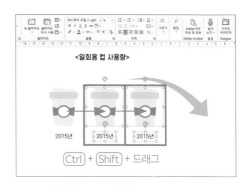

2 A 선택 후 오른쪽 방향으로 2개 더 수평 복사

3 통계 수치에 해당하는 만큼 아이콘 크기를 변경하고 B 와 제목 **텍스트 상자**를 2 와 같이 배치

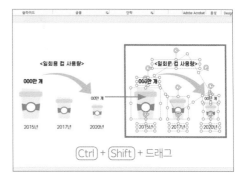

4 모든 개체를 선택한 후 오른쪽으로 수평 복사

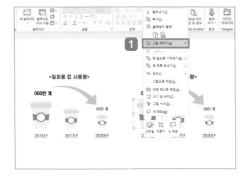

5 복사한 개체의 아이콘을 선택하여 [마우스 오른쪽 단추] - [그림 바꾸기] 클릭하고 아이콘 교체

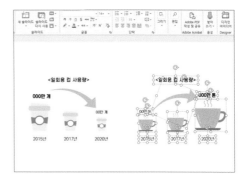

6 나머지 아이콘도 [그림 바꾸기]를 이용해 교체하고 **화살표** 도형 및 텍스트 수정 후 완료

경쟁사는 어디쯤? 좌표평면을 활용한
경쟁사 분석 PPT 디자인

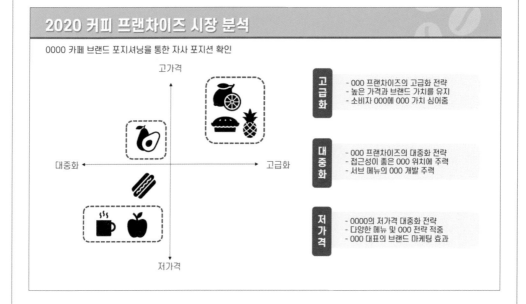

제안서에서 꼭 필요한 것이 경쟁사를 분석하는 항목입니다. 경쟁사가 없다는 것은 시장 자체가 없다는 이야기이기도 해서 세밀한 경쟁사 분석이 요구되죠. 경쟁사 브랜드의 포지션과 우리의 포지션을 확인할 수 있도록 선 도형으로 2개의 축을 만들어 경쟁사 분석에 활용해 볼게요.

이지쌤의 원포인트 레슨

도형을 15° 각도로 회전시키는 Shift 키
개체를 회전시킬 때 Shift 키를 누른 채 회전 버튼을 클릭하면 개체가 15°씩 회전합니다. 보다 정교하게 회전을 컨트롤할 수 있습니다.

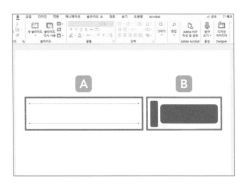

1 Ⓐ**선 화살표: 양방향** 도형 2개, Ⓑ**사각형: 둥근 모서리** 도형 2개를 위와 같이 삽입

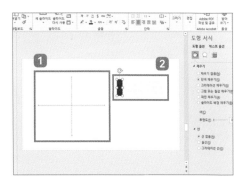

2 Ⓐ를 십자 모양으로 교차, Ⓑ의 사각형 2개를 붙여 놓은 후 각각 [도형 서식] - [채우기: 어두운 회색/밝은 회색], [선: 없음] 적용

> **Tip** 선을 회전시킬 때 (Shift) 키를 활용하면 수직으로 수월하게 변경할 수 있습니다.

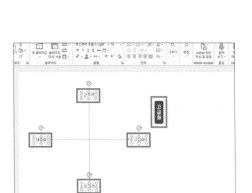

3 Ⓐ의 양끝 및 Ⓑ**사각형** 도형에 **텍스트 상자**를 삽입하여 내용 입력

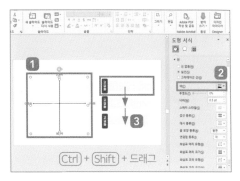

4 Ⓐ를 선택 후 [도형 서식] - [선 색: 검정]을 적용하고 Ⓑ는 아래로 2개 더 수직 복사

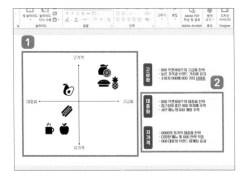

5 경쟁사 브랜드의 로고를 ①과 같이 삽입하고 오른쪽 사각형의 텍스트 내용을 변경

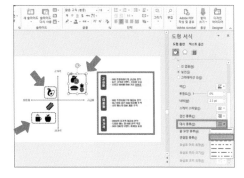

6 강조하고 싶은 부분에는 **사각형: 둥근 모서리** 도형을 삽입하고 [도형 서식] - [대시 종류: 사각 점선] 선택

지역에 따라 전략도 다르게, 지도를 활용한
지역 전략 PPT 디자인

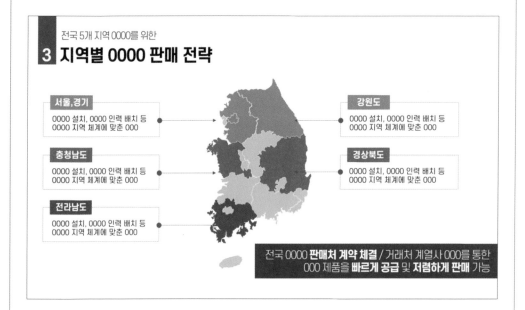

전국구 사업에서 지역별 전략을 소개할 경우 지도를 활용하는 것이 효과적입니다. 지역별로 색상을 구분해서 표시하면 시각적으로 지역 간의 차이점을 빠르게 파악할 수 있습니다. 지역별 성공 사례나 특이 사항과 같이 지역에 따라 내용이 분류되는 자료에도 같은 방법으로 지도를 이용해 슬라이드를 구성하는 것이 좋답니다.

이지쌤의 원포인트 레슨

평범한 선 도형을 바꿔주는 '화살표 머리'와 '화살표 꼬리' 유형

[도형 서식]에서 대시 종류, 화살표 머리 유형, 화살표 꼬리 유형 등을 바꾸면 새로운 모양의 화살표가 만들어집니다.

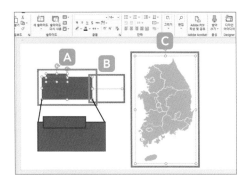

1 Ⓐ**직사각형** 도형 2개, Ⓑ**선** 도형, Ⓒ**지도** 도형 삽입

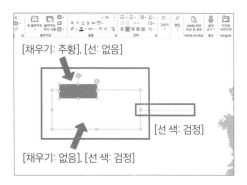

[채우기: 주황], [선: 없음]

[선 색: 검정]

[채우기: 없음], [선 색: 검정]

2 Ⓐ와 Ⓑ의 색상을 변경

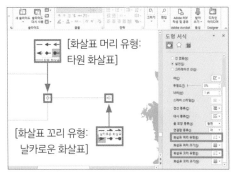

[화살표 머리 유형: 타원 화살표]

[화살표 꼬리 유형: 날카로운 화살표]

3 Ⓑ 선택 후 [마우스 오른쪽 단추] - [도형 서식] - [화살표 머리/꼬리 유형]을 위와 같이 설정

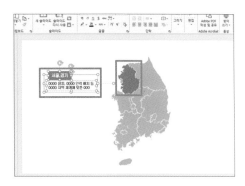

4 Ⓐ 안쪽에 **텍스트 상자**를 삽입해 내용을 입력하고 Ⓒ**지도**에서 해당 지역의 색상을 변경

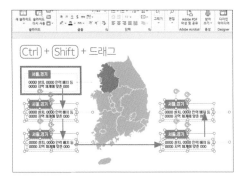

Ctrl + Shift + 드래그

5 Ⓐ와 Ⓑ 개체를 모두 선택한 후 원하는 개수만큼 수직/수평 복사

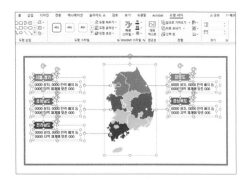

6 선 위치를 각 지역에 맞게 조정하고, 각 도형과 지도의 지역을 원하는 색상으로 변경

전략 변화를 효과적으로 제시한
판매 전략 PPT 디자인

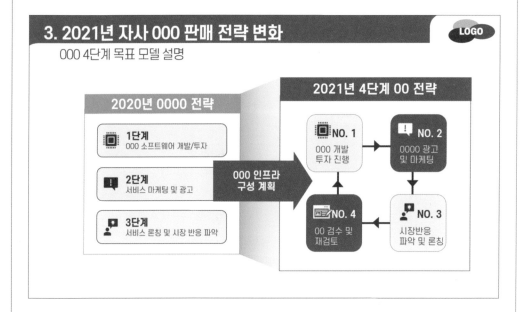

매년 시장 상황이 변화하기 때문에 그에 따라 목표도, 전략도 바뀝니다. 변화를 비교하는 판매 전략 슬라이드를 만들기 위해서 우선 변화 전후의 내용이 담긴 두 개체의 크기를 달리합니다. 그리고 두 개체 사이에 사다리꼴 도형을 삽입하고 그라데이션 효과를 주면 그 차이가 더 두드러져 보입니다. 전략 변화뿐 아니라 전후를 강조해야 하는 상황에서 다양하게 활용할 수 있습니다.

이지쌤의 원포인트 레슨

변화, 차이를 강조하는 '그라데이션' 효과
두 개체 사이에 그라데이션 효과를 적용한 도형을 삽입하면 한쪽이 마치 확대된 것처럼 보여서 극적인 비교 효과를 거둘 수 있습니다.

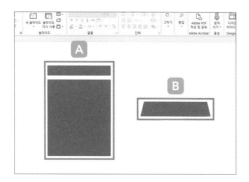

1 **A** **직사각형** 도형 2개, **B** **사다리꼴** 도형 삽입

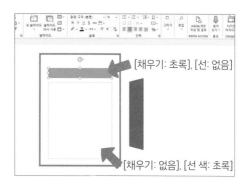

2 **A**의 색상을 위와 같이 변경하고 두 개의 도형이 맞닿도록 붙이기

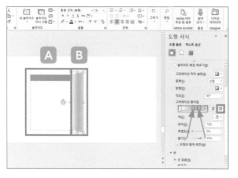

3 **A** 옆에 **B**를 회전하여 배치하고, **B**를 선택한 후 [마우스 오른쪽 단추] - [도형 서식] - [채우기: 그라데이션] 적용한 뒤 중앙에 위치한 **그라데이션 중지점** 2개 삭제

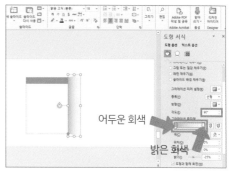

4 양끝의 **그라데이션 중지점** 색상을 회색 계열로 변경하고 [각도: 90°] 설정

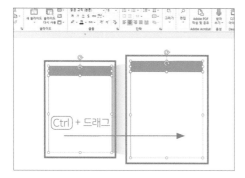

5 **A**를 오른쪽 방향으로 복사, 복사한 개체의 크기를 키우기

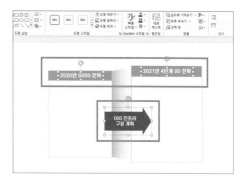

6 **텍스트 상자**와 **화살표** 도형을 삽입하고 내용을 입력

_ ☐ ✕

복잡한 체계도 간단히 도식화한
조직 체계 PPT 디자인

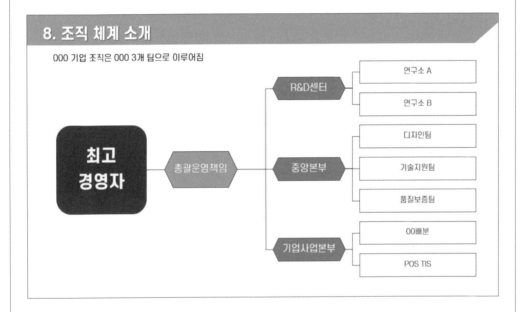

회사를 소개하거나, 사업을 제안할 때 빠지지 않는 항목 중 하나가 조직 체계입니다. 조직 체계를 통해 회사에서 주력하고 있는 분야나 부서별 위계를 짐작해 볼 수도 있죠. 주로 가지를 치고 있는 형태라서 만들기 어려울 거라고 생각할 수 있지만, 스마트 아트 기능을 활용하면 문제없습니다. 다만 텍스트를 작성할 때 상위 항목과 하위 항목을 잘 구분해서 입력하면 됩니다.

이지쌤의 원포인트 레슨

텍스트만 입력해도 화려한 시각 자료를 만들어 주는 '스마트 아트' 기능

텍스트 상자에 내용을 입력 후 [홈] 탭 - [SmartArt 그래픽으로 변환]을 선택하면 수십 가지의 다이어그램 형태로 자료를 정리할 수 있습니다.

1 **텍스트 상자**에 조직 체계를 적어 넣고 [홈] 탭 - [SmartArt 그래픽으로 변환] - [조직도형] 적용

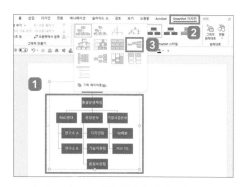

2 스마트 아트로 변환된 개체 선택 후 [SmartArt 디자인] 탭 - [레이아웃] - [가로 조직도형] 적용

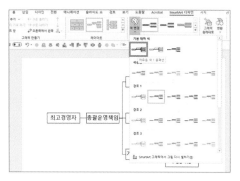

3 개체 선택 후 [SmartArt 디자인] 탭 - [색 변경] - [어두운 색 1 윤곽선] 적용

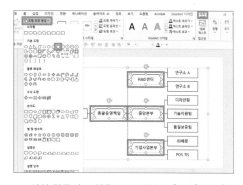

4 상위 항목의 도형을 모두 선택 후 [서식] 탭 - [도형 모양 변경: 육각형] 적용

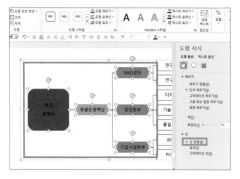

5 조직 체계의 위계에 따라 각 도형의 색상을 변경하고 [도형 서식] - [선: 없음] 적용

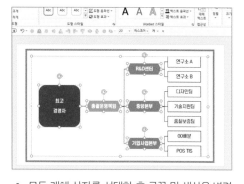

6 모든 개체 상자를 선택한 후 글꼴 및 색상을 변경하여 완료

고수는 디테일에 강하다!
이미지, 아이콘 활용 스킬

⊘ 피사체를 확대하여 좌/우/중앙으로 배치하기

이미지 속 피사체가 작거나 위치가 애매하면 빈 공간이 많이 생기게 됩니다. 여백이 너무 많으면 슬라이드 위의 개체들이 따로 노는 듯이 보이거나 가독성이 떨어지기도 합니다. 슬라이드에 개체를 삽입하기 전에 이미지 속 피사체의 크기와 위치를 먼저 정하고 남은 공간에 내용을 배치하면 균형감을 잘 살릴 수 있고, 집중도가 높아지는 효과를 얻을 수 있습니다.

⊘ 핵심 키워드의 내용을 아이콘으로 시각화하기

파워포인트 자료를 제작하다 보면 글이 많아지는 경우가 있습니다. 만약, 발표를 위한 파워포인트를 제작하고 있다면 슬라이드를 텍스트로만 채우는 것은 악수를 두는 일입니다. 글자가 많을수록 발표를 보는 사람의 입장에서는 발표자가 무엇을 강조하고 있는지 찾기 어려워집니다. 꼭 필요한 내용을 간추려 글자를 줄이고 핵심 키워드를 아이콘으로 배치해 봅시다.

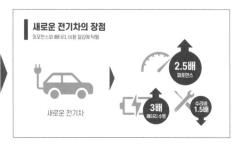

자기소개 PPT 디자인

경력 소개 PPT 디자인 1~2

주요 강점 PPT 디자인 1~2

주요 약력 PPT 디자인 1~2

주요 경험 PPT 디자인 1~2

정보 요약 PPT 디자인

PART 5

반드시 합격하는
포트폴리오 디자인 10

개인도 브랜드인 '퍼스널 브랜딩'의 시대, 언제 어디서 기회가 찾아올지 모를 일입니다.
갑자기 기회가 찾아왔을 때, 미리 준비된 포트폴리오를 내밀 수 있다면 얼마나 좋을까요?
나의 경력과 강점 등을 당당하게 보여 주어 반드시 합격할 수 있는 포트폴리오를 준비해 봅니다.

포트폴리오의 첫 장을 장식하는
자기소개 PPT 디자인

저는
김선아
입니다

상품 마케팅 부서
경력직 지원자

ssunahkim@nave.com
010-0000-0000

나를 처음 보는 사람에게 긍정적인 기대감을 심어 주기 위해서는 자신감 있는 표정의 사진을 활용하면 좋습니다. 굳이 인물 사진이 필요하지 않다면, 나를 잘 표현하는 이미지나 내가 만든 작업물의 이미지로 대체할 수 있답니다. 앞에서 자주 활용했던 그라데이션 효과로 감각적인 자기소개 PPT 디자인을 만들어 볼게요.

이지쌤의 **다채로운 색상을 표현할 수 있는 '그라데이션'**
원포인트 적은 수의 색상들을 활용하여 차분하면서도 트렌디한 느낌을 주고 싶을 때 유용합니다.
레슨

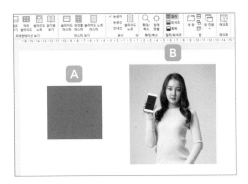

1 A **직사각형** 도형, B 포트폴리오용 이미지 삽입

2 A, B 개체가 각각 슬라이드의 절반씩 차지하도록 크기 조정

3 A를 선택하고 [마우스 오른쪽 단추] - [도형 서식] - [선: 없음] - [그라데이션 채우기] 적용 후 **그라데이션 중지점** 가운데 2개 삭제

4 남아 있는 2개의 **그라데이션 중지점** 색상을 각각 초록, 파랑으로 변경하고 [방향: 대각선] 적용

5 **텍스트 상자**를 삽입하여 필요한 정보를 입력하고 중간에 **흰색 선**으로 항목 구분

6 모든 텍스트의 글꼴을 변경한 후 이름은 굵은 글꼴로 강조

학력, 자격증, 봉사활동 등이 한눈에 보이는
경력 소개 PPT 디자인 1

---

2. 각종 이력 및 소개

Education

- 0000 교육 과정 1급 수료	2018.00
- 000대학교 000학과 000학번 학사 졸업	2007.00

License

- 0000 컴퓨터 활용능력 1급	2010.00
- MOS Master 자격증	2013.00
- Opic	2014.00
- Toeic	2015.00

Skill

Volunteer

- 대전 연탄은행 저소득층, 독거노인 연탄배달 봉사	2010.00
- 00자동차 000 무브 00기 인도 첸나이 봉사단	2007.00
- 서울 0000 연탄은행 저소득층, 독거노인 연탄배달 봉사	2012.00
- 평창 동계올림픽 0000 행사 외국어 봉사요원 활동	2018.00

Work Experience

- 00000000 증권회사 인턴십	2010.00
- 0000 교육 회사 인턴십 (6개월)	2011.00
- 000000 활용 교육프로그램 개설 및 운영	2013.00
- 0000 기업 서포터즈 활동	2014.00
- 000000 활용 교육프로그램 개설 및 운영	2015.00
- 0000 기업 서포터즈 활동	2017.00

학력, 자격증, 봉사활동, 업무 관련 경험 등 각종 이력을 소개하는 슬라이드입니다. 다양한 경력들을 항목에 맞게 분류하여 보기 쉽도록 디자인하는 것이 중요해요. 시간 순서와 상관없이 업무 연관성이 높은 활동이나 자격증을 상단에 배치하는 것도 괜찮아요. 표를 활용해서 내용을 깔끔하게 정리해 볼까요?

 ○──○

이지쌤의   **다양한 내용을 깔끔하게 정리할 수 있는 '표'**
원포인트
레슨   텍스트 상자를 여러 개 만들어 내용을 각각 입력하는 것보다 표 하나에 정리하면 텍스트를 깔끔하게 정렬할 수 있습니다.

1 [삽입] 탭 - [표: 2×4] 삽입 후 이력 순서에 맞춰 내용 입력, 표 상단은 셀을 병합

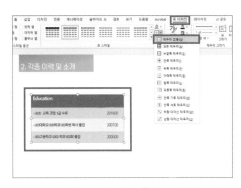

2 표 선택 후 [표 디자인] 탭 - [테두리] - [테두리 없음] 적용

3 표 선택 후 [표 디자인] 탭 - [음영] - [채우기 없음] 적용

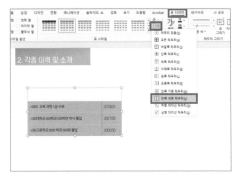

4 하단의 **내용, 날짜 부분**을 드래그한 후 [표 디자인] 탭 - [테두리] - [안쪽 세로 테두리] 적용

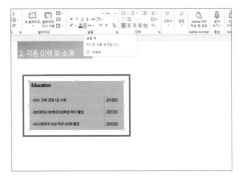

5 모든 텍스트의 글꼴을 변경한 후 제목은 굵은 글꼴로 강조

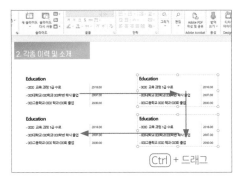

6 모든 변경 사항이 적용된 표를 위와 같이 복사하고 각 항목에 맞게 텍스트 수정

시간의 흐름대로 경력을 확인할 수 있는
경력 소개 PPT 디자인 2

---

2. 각종 이력 및 소개

학력사항 Education	2012	0000 고등학교 졸업	**대외활동** Other Activity	2015	000 대학생 기자단

학력사항 Education
- 2012 ● 0000 고등학교 졸업
- ● 000 대학교 00 학과 입학
- 2013 ● 0000 군입대
- 2015 ● 000 학과 복학
- 2018 ● 000 학과 학사 졸업

대외활동 Other Activity
- 2015 ● 000 대학생 기자단
- ● 0000 해외봉사단 (인도)
- 2016 ● 0000 SNS 기자단
  디자인팀팀장
- 2017 ● 000 전국일주 캠페인
  0000 1팀팀장

경력사항 Work experience
- 2012 ● 000 진학 학원
  초등반000강사
- 2015 ● 0000 프로덕션
  000디자인팀인턴3개월
- 2017 ● 000 엔터테인먼트
  000SNS디자이너
- 2020 ● 00 스타트업 기업 000
  000마케팅팀디자이너

수상/자격증 Award. Certification
- 2012 ● 0000 오피스 자격증
- 2016 ● 0000 PT 경진대회
  000대상
- 2017 ● 000 디자인 어워드
  00수상입상
- 2018 ● 000 민간 자격증 취득

이번에는 텍스트 상자와 도형만을 활용해서 시간의 흐름에 따라 시선이 위에서 아래로 향하는 형태의 경력 소개 PPT 디자인을 만들어 보겠습니다. 수직/수평 복사를 잘 활용해야 깔끔한 디자인을 유지할 수 있답니다.

이지쌤의 원포인트 레슨   개체를 수직/수평으로 복사하는 [Ctrl] + [Shift] + 드래그
원하는 개체를 선택 후 [Ctrl] + [Shift] 키를 누른 채 상하좌우로 이동시키면 수직/수평 복사할 수 있습니다.

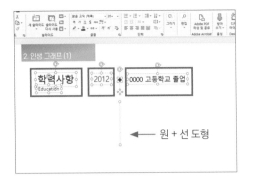

1 3개의 **텍스트 상자**를 삽입한 뒤 각각 주제, 연도, 내용을 입력하고 **원**과 **선** 도형을 하나씩 삽입

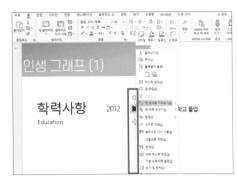

2 **원**과 **선** 도형을 겹치게 배치하고 **원** 도형을 선택한 뒤 [마우스 오른쪽 단추] - [맨 앞으로 가져오기] 클릭

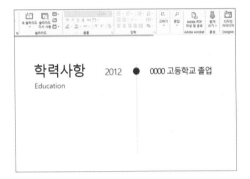

3 슬라이드 위의 모든 개체를 위와 같이 배치(왼쪽에는 연도, 오른쪽에는 해당 내용)

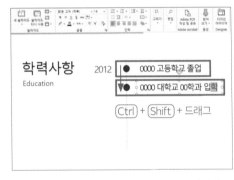

4 같은 연도에 내용을 추가하려면 위 그림에서 표시한 부분(**원** 도형 + **텍스트 상자**)을 아래로 수직 복사

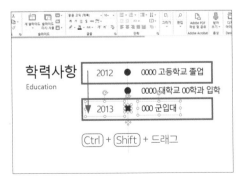

5 다른 연도의 이력일 땐 연도를 포함한 부분을 수직 복사

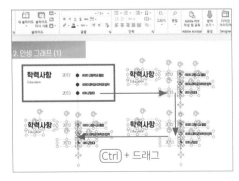

6 모든 변경 사항이 적용된 개체를 위 그림과 같이 복사하고 각 항목에 맞게 텍스트 수정

도형을 활용하여 능력을 수치화한
주요 강점 PPT 디자인 1

자신의 관심사가 무엇인지, 그것과 관련해서 어떤 능력을 어느 정도 가지고 있는지 설명하는 것도 자기소개의 일부분입니다. 줄글로 써서 나열하는 것보다 도형을 활용해 해당 능력을 수치로 표현하면 객관적으로 보이죠. 검토자 입장에서도 지원자의 능력치가 어떤지 파악하기 수월합니다.

📄 **이지쌤의 원포인트 레슨**

방금 전 실행했던 기능을 반복하는 F4
방금 복사를 했고 그 기능을 다시 활용하려면 F4 를 눌러 보세요. 정확히 같은 간격으로 개체가 복사됩니다.

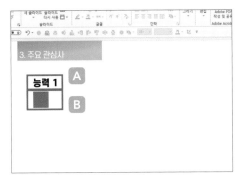

1 A **텍스트 상자**, B **정사각형** 도형 삽입

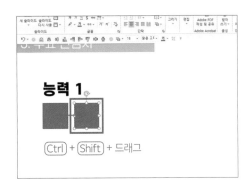

2 B 를 오른쪽으로 수평 복사

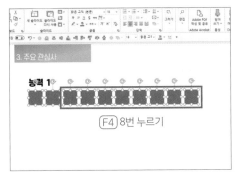

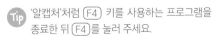

3 키보드의 F4 (재실행) 키를 8번 눌러 총 10개의 **정사각형** 도형 만들기

> **Tip** '알캡처'처럼 F4 키를 사용하는 프로그램을 종료한 뒤 F4 를 눌러 주세요.

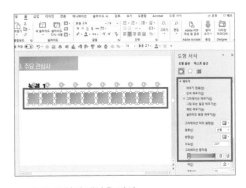

4 모든 도형의 색상을 변경

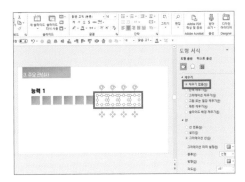

5 뒤의 도형 4개 선택 후 [도형 서식] 탭 - [채우기: 없음], 선 색상은 4에서 지정한 것과 동일하게 설정

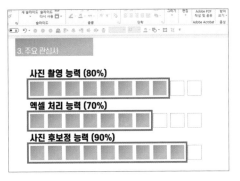

6 표현하고 싶은 능력치에 맞춰 도형을 채우거나 비우면 완료

업무 능력을 정량화하여 표현한
주요 강점 PPT 디자인 2

---

3. 문서/프로그램 스킬

Photoshop

이미지 편집, 수정
웹 플라이어 제작

Illustrator

각종 일러스트 제작
로고, 인포그래픽 등

Powerpoint

기본 제안서, 기획서
발표 자료 제작

Excel

각종 함수 및
통계 자료 제작

지원하려는 부서에 맞는 자신의 강점 및 스킬을 표현한 슬라이드입니다. 컴퓨터 프로그램을 다루는 스킬, 외국어 능력 등을 정량화해서 원의 테두리에 색으로 표시할 수 있습니다. 능력치를 정교하게 나타내는 것은 어려우므로 내가 무엇을 얼마만큼 잘하는 사람인지 대략적으로 표현해도 될 때 사용하세요.

**이지쌤의
원포인트
레슨**

각종 수치를 원의 형태로 표현한 '원형 차트'
정교한 수치를 표현해야 할 때는 원형 차트를 활용하는 것이 더 좋습니다. 원형 차트 만들기는 96쪽을 참고하세요.

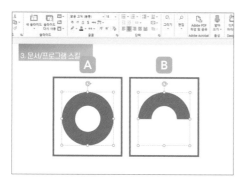

1 [삽입] 탭 - [도형] - **A**[원형: 비어 있음], **B**[막힌 원호]를 같은 크기로 삽입

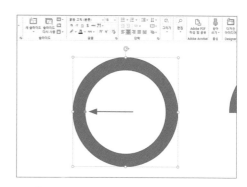

2 **A** 안쪽의 **노란 점**을 움직여 도형의 두께를 얇게 조정

길이 조절

두께 + 길이 조절

3 **A** 앞에 **B**를 겹치고 **B** 개체의 **오른쪽 노란 점**을 움직여서 **B**와 **A**의 두께가 같아지도록 조정

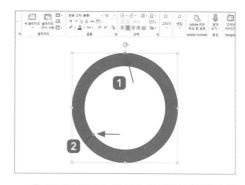

4 **B** 개체의 양쪽 **노란 점**을 움직여서 **1**에서 **2**까지 위치하도록 길이를 조정

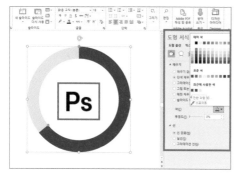

5 **A**, **B** 각각 선택 후 [마우스 오른쪽 단추] - [도형 서식] - [단색 채우기: 진한 파랑/회색] - [선: 없음] 적용하고, 원의 중간에 텍스트 입력

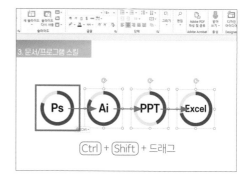

6 다 만들어진 개체를 전체 선택하여 오른쪽으로 수평 복사하고 텍스트 수정

U자형 화살표로 약력을 정리한
주요 약력 PPT 디자인 1

연도별로 지원자가 어떤 활동을 해왔는지 한눈에 확인할 수 있는 슬라이드입니다. 시간 순서에 따라 많은 양의 정보를 담을 수 있는 디자인입니다. U자형 화살표 중간에 원을 넣어서 구분점을 표시해 주는 것이 포인트입니다. 이때 화살표 중간을 정말로 끊는 것이 아니라, 원 도형에 하얀 테두리를 넣어서 끊어져 보이는 효과를 연출합니다.

**이지쌤의
원포인트
레슨**

시간의 흐름을 표현하기 좋은 'U자형 화살표'

[삽입] 탭 - [도형]에서 찾을 수 있는 기본 도형입니다. 주로 시간이나 내용의 흐름을 표현할 때 사용합니다.

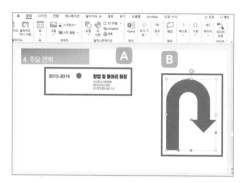

1 Ⓐ연도를 입력한 **텍스트 상자**와 활동 내용을 입력한 **텍스트 상자**와 **원** 도형 그리고 Ⓑ**화살표: U 자형** 도형 삽입

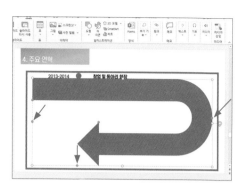

2 Ⓑ를 시계 방향으로 90° 회전한 뒤 개체 위의 **노란 점**을 움직여서 길이 및 두께를 조정

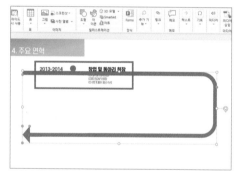

3 Ⓑ의 두께를 얇게 조정, Ⓐ의 개체들을 선택한 뒤 [마우스 오른쪽 단추] - [맨 앞으로 가져오기]

4 Ⓐ의 개체들을 위 그림과 같이 연도, **원** 도형, 활동 내용 순서로 배치

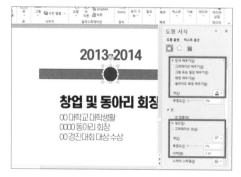

5 **원** 도형을 선택한 후 [마우스 오른쪽 단추] - [도형 서식] - [실선: 흰색], [너비: 2pt], [단색 채우기: 파랑] 적용

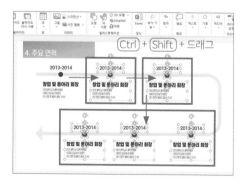

6 Ⓐ 개체들을 선택하여 원하는 개수만큼 복사하고 텍스트 변경

주제에 맞는 경험을 타임라인으로 표시한
주요 약력 PPT 디자인 2

자신의 특화된 강점이나 지원 동기에 맞는 경험만 선별하여 하나의 타임라인으로 만들 수도 있습니다. 기본 도형을 활용해서 슬라이드 중앙에 타임라인을 만들고 텍스트를 채워 볼게요.

이지쌤의 원포인트 레슨

평범한 선 도형을 바꿔주는 '화살표 머리'와 '화살표 꼬리' 유형

[도형 서식]에서 대시 종류, 화살표 머리 유형, 화살표 꼬리 유형 등을 바꾸면 새로운 모양의 화살표가 만들어집니다.

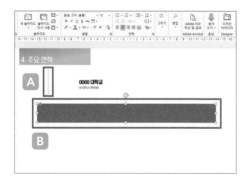

1 Ⓐ **선** 도형, Ⓑ **사각형: 둥근 모서리** 도형 삽입하고 Ⓑ의 왼쪽 상단에 있는 **노란 점**을 움직여서 도형의 끝부분을 더 둥글게 만들기

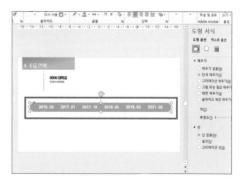

2 [도형 서식]에서 Ⓑ의 색상을 변경한 후 개체 위에 해당 연도와 월 텍스트를 입력

> **Tip** 텍스트 사이의 간격은 Space 바를 눌러 일정하게 띄웁니다. 사이에 알파벳 소문자 'l'을 입력하여 구분해도 좋습니다.

3 [도형 서식]에서 Ⓐ의 색상을 Ⓑ와 같은 색상으로 변경하고 [화살표 머리 유형] - [원형] 적용

> **Tip** 선 도형의 방향에 따라 화살표 머리/꼬리의 모양을 바꿉니다.

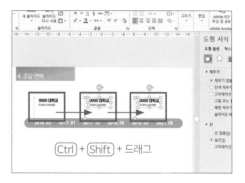

4 Ⓐ와 **텍스트 상자**를 선택한 후 오른쪽으로 2개 더 수평 복사

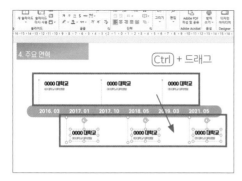

5 상단의 개체를 모두 선택한 후 Ⓑ의 아래쪽으로 복사하고 텍스트 위치와 선 방향 변경

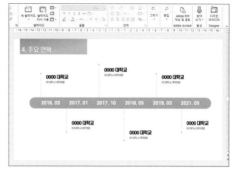

6 **선** 도형의 머리/꼬리 유형과 길이를 조정하고 각 항목에 맞는 텍스트 입력

사진을 연속적으로 배치한
주요 경험 PPT 디자인 1

---

5. 직무 경험/사회 경험

0000 대외활동 운영팀
(2018.05-2020.06)

- 활동 내용
  0000 대학, 0000 기업 대외활동 운영팀 재직
  00 상담 및 000 서비스 계통 부서 00 프로젝트 진행
  000 경력

직접 진행한 업무나 참가했던 활동, 작업한 결과물 등을 여러 장의 사진으로 보여 주는 슬라이드입니다. 주요 경험을 소개하는 이미지 슬라이드가 여러 장 이어지므로 슬라이드 마스터 기능을 사용해서 공통된 양식을 만들어 놓는 것이 편리하답니다.

이지쌤의
원포인트
레슨

나만의 디자인 틀을 만들어 주는 '슬라이드 마스터'

[보기] 탭 - [슬라이드 마스터]를 통해 자주 사용하는 디자인 틀을 만들어 두면 작업 시간을 아낄 수 있습니다.

1 [보기] 탭 - [슬라이드 마스터] 선택

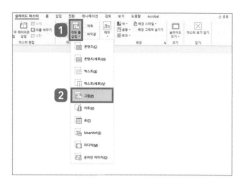

2 **슬라이드 마스터** 내 모든 틀을 삭제한 후 [슬라이드 마스터] 탭 - [개체 틀 삽입] - [그림] 선택

> **Tip** '마스터 레이아웃'이 아닌 기본 슬라이드 마스터에 틀을 삽입합니다(34쪽 참고).

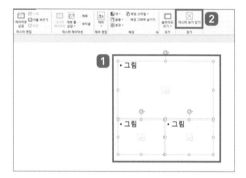

3 **슬라이드 마스터**에 **1**과 같이 **그림 개체 틀**을 삽입하고 [마스터 보기 닫기] 클릭

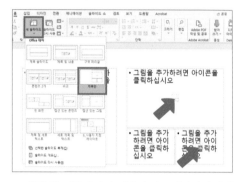

4 [홈] 탭 - [새 슬라이드]에서 방금 제작한 **슬라이드 마스터**를 선택하여 삽입하고 **그림 개체 틀** 아이콘을 클릭

5 이미지들을 삽입하여 위와 같이 만들기

6 슬라이드 왼쪽 부분에 **텍스트 상자**를 삽입하여 이미지 설명 작성

여러 개의 활동을 하나의 슬라이드에 정리한
주요 경험 PPT 디자인 2

---

5. 직무 경험/사회 경험

바르셀로나.마드리드 특강
(2019.05)

- 활동 내용
  스페인 바르셀로나/마드리드에서 현지 한인 대상 강의 진행
  직접 카페에서 모집, 인원 체크하여 강의장에서 강의
  공유오피스 Wework와 협업을 통한 영상 촬영, 강의 진행 완료

중국 칭다오 대학 특강
(2019.09)

- 활동 내용
  중국 칭다오 대학교 '한국어학과' 교수님들 대상 교수학습법 강의
  눈에 확 띄는 강의안 제작을 위한 파워포인트 스킬 전수
  좀 더 빠르게 제작할 수 있는 단축키, 노하우 강의 등
  현지 대학원생들과의 멘토링, 발표 자료 컨설팅 등

포트폴리오에 담아야 할 직무 경험이 많거나, 경험 유형이 비슷하다면 하나의 슬라이드에 같이 배치할 수도 있습니다. 중간에 선을 이용해서 살짝 구분하는 것이 포인트입니다. 이 유형 역시 슬라이드 마스터 기능으로 틀을 잡아 놓을게요. 일반적인 포트폴리오 디자인은 레이아웃이 일관된 편이 좋기 때문에 슬라이드 마스터 기능을 적극적으로 활용하도록 합니다.

**이지쌤의
원포인트
레슨**

항목을 구분할 때 사용하는 선 도형

항목들을 서로 구분할 때 선 도형을 활용할 수 있습니다. 특히 [도형 서식]에서 [대시 종류]를 변경하면 점선 등 다양한 선으로 표현이 가능합니다.

1 [보기] 탭 - [슬라이드 마스터] 선택

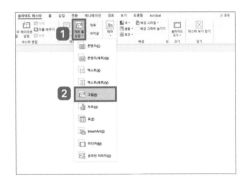

2 **슬라이드 마스터** 내 모든 틀을 삭제한 후 [슬라이드 마스터] 탭 - [개체 틀 삽입] - [그림] 선택

> **Tip** '마스터 레이아웃'이 아닌 기본 슬라이드 마스터에 틀을 삽입합니다(34쪽 참고).

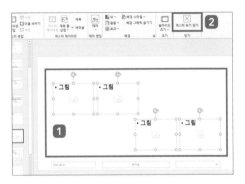

3 **슬라이드 마스터**에 ①과 같이 **그림 개체 틀**을 삽입하고 [마스터 보기 닫기] 클릭

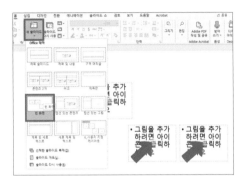

4 [홈] 탭 - [새 슬라이드]에서 방금 제작한 **슬라이드 마스터**를 선택하여 삽입하고 **그림 개체 틀** 아이콘을 클릭

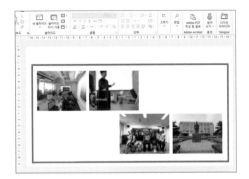

5 이미지들을 삽입하여 위와 같이 만들기

6 이미지 옆에 **텍스트 상자**를 삽입하여 설명 내용을 작성, 위아래의 활동을 구분하기 위해 [삽입] 탭 - [도형: 선] - [실선 색: 회색], [대시 종류: 파선] 적용

모든 정보를 하나의 슬라이드에 응축한
정보 요약 PPT 디자인

지금까지 앞에서 만들었던 포트폴리오의 내용들을 하나의 슬라이드로 모으면 원페이지 포트폴리오가 완성됩니다. 이때 여러 개체가 하나의 슬라이드에 들어가야 하기 때문에 만들어 놓은 개체들을 축소할 필요가 있습니다. 하나하나 축소하면 크기도 제각각이고 깔끔해 보이지 않아요. 그룹화 기능을 활용해서 각 요소를 동일한 비율로 축소하도록 합니다.

**이지쌤의
원포인트
레슨**

이미지의 뒷배경을 삭제해 주는 '배경 제거' 기능
이미지 속 피사체를 제외한 뒷배경을 삭제해 주고, 다른 색상으로 배경을 채울 수도 있습니다.

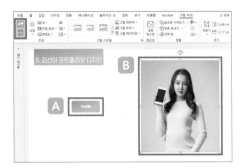

1 Ⓐ **사각형: 둥근 모서리** 도형 Ⓑ 개인 프로필 사진을 삽입하고 Ⓑ 선택 후 [그림 서식] 탭 - [배경 제거] 클릭

2 [보관할 영역 표시]를 클릭해 남길 이미지 영역을 지정한 후 나머지 배경은 ESC 키를 눌러 삭제

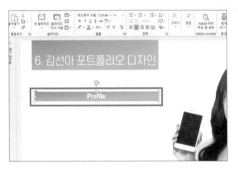

3 Ⓐ의 모양을 좌우로 긴 형태로 변경하고 슬라이드 왼쪽에 배치

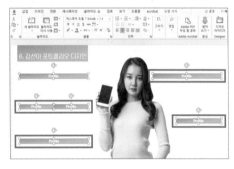

4 추가할 항목의 개수에 맞게 Ⓐ를 복사하고 슬라이드 좌우에 배치

5 112~129쪽에서 만들었던 내용을 복사하여 슬라이드에 붙여 넣은 뒤 그룹화(Ctrl + G)하여 크기를 작게 조정

> **Tip** 비율이 틀어지지 않도록 Shift 키를 누른 채 크기를 조절해 주세요.

6 너무 작아서 보이지 않는 글자는 삭제하거나 비율에 맞게 변경

> **Tip** 그룹화된 개체를 작게 만들 때 글자 크기는 변경되지 않기 때문에 따로 크기를 줄여 줘야 합니다.

남들과는 조금 다른 PPT의 비결!
완성도를 더해 주는 사이트 모음

⊘ **pexels.com**

전 세계에 있는 크리에이터들이 직접 촬영한 사진/영상을 무료로 공유하는 사이트입니다. 상업적 활용이 가능한 스톡 이미지들만 공유하고 있으며, 유튜브 영상 제작에 필요한 스톡 영상들을 다운로드할 수 있습니다.

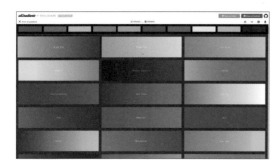

⊘ **uigradients.com**

그라데이션 기능을 사용해 보고 싶었는데 어떤 색상이 좋을지 고민이라고요? 여기 수백 가지가 넘는 그라데이션 소스를 제공하는 사이트를 소개합니다. 원하는 그라데이션을 사이트에서 찾은 뒤 색상 코드를 확인하여 파워포인트에 적용할 수 있습니다.

⊘ **colorfavs.com**

이미지 속 색상을 자동으로 추출하여 어울리는 색상을 추천해 주는 사이트입니다. 사용하는 이미지와 연관 있는 감각적인 색상으로 배경 디자인을 제작하는 데 도움이 됩니다.

• 스포이트 기능 활용 가능

✅ **remove.bg**

이미지 속의 피사체만 남기고 배경을 자동으로 제거해 주는 사이트입니다. 파워포인트의 [배경 제거] 기능보다 정교한 편이고, 사용자가 직접 세세한 곳까지 다듬을 수 있습니다. PNG 형식으로 다운로드할 수 있습니다.

- 개인 활용은 무료, 상업적 활용은 크레딧 구매
- 홈페이지 약관 확인

✅ **flaticon.com**

이 사이트 하나면, 필요한 아이콘을 대부분 찾을 수 있습니다. PNG, SVG 등 다양한 파일 형식으로 다운로드할 수 있습니다. 다운로드 전 사이트에서 간단한 편집 및 색상 변경도 가능합니다.

- 개인 활용은 무료, 상업적 활용은 출처 표기
- 홈페이지 약관 확인

✅ **noonnu.cc**

국내의 다양한 무료 글꼴들을 만날 수 있는 사이트입니다. 국내 지자체, 기관, 기업 등에서 만든 무료 글꼴들을 한눈에 살펴보고 링크를 통해 다운받을 수 있습니다.

PART 6

'좋아요'를 부르는
SNS 콘텐츠 디자인 10

SNS 마케팅의 힘이 점점 커지고 있습니다.
잘하면 저비용 고효율의 홍보 효과를 누릴 수도 있지만,
잘못하면 노력 대비 무관심에 상처만 받을지도 모릅니다.
어떻게 하면 사람들의 눈에 잘 띄는 SNS 콘텐츠를 만들 수 있을까요?
유튜브, 카드뉴스, 스마트스토어 등 미디어 맞춤형 콘텐츠 디자인을 나눕니다.

그림자 효과를 활용한 초간단
유튜브 채널아트 디자인 1

유튜브 채널을 운영하고 싶다면 제일 먼저 만들어야 하는 것 중의 하나가 채널아트입니다. 채널아트는 가게의 간판과 같은 역할을 하며 채널의 첫인상과 분위기를 좌우하죠. 만약 본격적으로 채널아트를 만들기 전에 임시로 채널아트를 올려놓을 생각이라면 텍스트에 그림자 효과를 적용하여 아주 간단하게 만들 수도 있답니다.

이지쌤의
원포인트
레슨

슬라이드 크기를 내 마음대로 바꾸기

[디자인] 탭 - [슬라이드 크기]에서 비율 및 크기, 방향 등을 직접 설정할 수 있습니다.

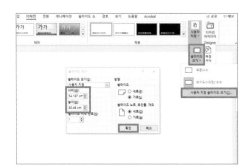

1 [디자인] 탭 - [슬라이드 크기] - [사용자 지정 슬라이드 크기] - [너비: 54.187cm, 높이: 30.48cm] 입력

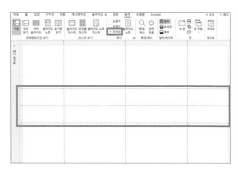

2 [보기] 탭 - [안내선]을 체크, 안내선을 좌우로 복사하여 슬라이드 중앙에 내용을 배치할 영역 확보

> **Tip** 위에 표시한 부분은 모바일, PC에서 보이는 채널아트 영역입니다. 제목이나 이미지 등은 영역 안쪽에 삽입해 주세요.

3 채널아트 제목과 내용을 넣을 **텍스트 상자**를 각각 삽입

4 제목 텍스트를 드래그하여 선택 후 [마우스 오른쪽 단추] - [텍스트 효과 서식] - [텍스트 옵션] - [단색 채우기: 흰색], [실선 색: 보라색] 적용

5 [텍스트 옵션] - [텍스트 효과] - [그림자 설정] - [색: 보라색], [투명도: 0%], [흐리게: 0pt], [각도: 50°], [간격: 6pt] 적용

6 내용이 담긴 **텍스트 상자**를 보라색으로 채워 주고 슬라이드를 PNG 파일로 저장 (PNG 파일로 저장하는 방법은 138쪽 참고)

배경 이미지와 네온 효과를 활용한
유튜브 채널아트 디자인 2

유튜브 채널의 방향성이 잡혔다면, 주제와 관련 있는 이미지를 이용해서 채널아트를 꾸며
보는 것도 좋습니다. 이미지를 배경으로 삽입하고 텍스트에는 네온 효과를 적용해 볼게요.
파워포인트로 만든 채널아트를 유튜브에 적용할 때는 파일 형식에 주의해야 합니다.

**이지쌤의
원포인트
레슨**

파워포인트 슬라이드를 이미지로 활용하려면 '다른 이름으로 저장하기'
슬라이드를 선택 후 [다른 이름으로 저장] - [파일 형식: PNG]를 선택하면 이미지 파일이 생성됩
니다.

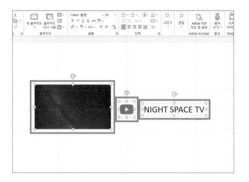

1 배경 이미지, 로고 이미지, **텍스트 상자**를 삽입

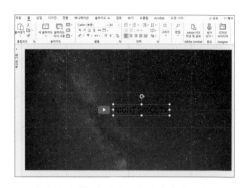

2 배경 이미지를 슬라이드에 꽉 차게 채우기

3 **텍스트 상자** 선택 후 [마우스 오른쪽 단추] - [도 형 서식] - [텍스트 옵션] - [단색 채우기: 흰색] 적용하고 글꼴 변경

4 [텍스트 옵션] - [텍스트 효과] - [네온 색: 검정], [투명도: 0%] 적용

5 [파일] 탭 - [다른 이름으로 저장] - [파일 형식: PNG 형식] - [저장] 클릭

6 [현재 슬라이드만] 선택하고 채널아트로 활용

영상 캡처 이미지를 활용한
유튜브 썸네일 디자인 1

유튜브 채널아트가 서점의 간판과 같다면 썸네일은 책의 표지와 같은 역할을 합니다. 썸네일이 어떠냐에 따라 영상 조회 수가 천차만별이랍니다. 영상 속의 한 부분을 캡처해서 배경 이미지로 사용하는 썸네일을 만들어 볼게요. 자유형 도형을 이용해서 제목 텍스트가 돋보이는 효과도 적용해 보겠습니다.

이지쌤의
원포인트
레슨

텍스트 뒤쪽을 멋스럽게 꾸며 주는 '자유형 도형'

[삽입] 탭 - [도형] - [선] - [자유형: 도형]을 텍스트의 테두리에 맞춰 삽입하면 해당 텍스트에 어울리는 새로운 형태의 도형을 만들 수 있습니다.

1 썸네일 제작에 필요한 이미지와 **텍스트 상자**를 삽입

2 슬라이드에 이미지를 꽉 채우고 텍스트 글꼴과 색상을 변경

> Tip 여기어때 잘난체, 티몬체 등의 굵은 글꼴을 추천합니다.

3 **텍스트 상자** 선택 후 [마우스 오른쪽 단추] - [도형 서식] - [텍스트 옵션] - [텍스트 효과] - [네온 색: 검정], [크기: 10pt], [투명도: 0%] 적용

4 [삽입] 탭 - [도형] - [선] - [자유형: 도형] 선택하고 텍스트의 테두리에 맞게 삽입

> Tip 텍스트의 테두리 부분을 클릭하며 자유형 도형을 만드세요.

5 **자유형** 도형 선택 후 [마우스 오른쪽 단추] - [도형 서식] - [단색 채우기: 검정], [선: 없음] 적용

6 **텍스트 상자**를 선택 후 [마우스 오른쪽 단추] - [맨 앞으로 가져오기] 클릭하고 슬라이드를 PNG 파일로 저장하여 완성

시청자에게 채널 로고를 각인시킬 수 있는
유튜브 썸네일 디자인 2

유튜브 영상 썸네일은 통일감 있게 제작하는 것이 좋습니다. 썸네일만 보고도 누구의 채널인지 빨리 알아차릴 수 있기 때문이죠. 썸네일 이미지에 테두리를 둘러서 채널을 대표하는 색상을 강조하고 로고도 넣어 봅시다. 간단한 방법으로 시청자들에게 인상적인 썸네일을 제작할 수 있답니다.

이지쌤의 원포인트 레슨

텍스트를 눈에 띄게 만들어 주는 '그림자' 기능

텍스트 상자 선택 후 [마우스 오른쪽 단추] - [도형 서식] - [텍스트 옵션] - [텍스트 효과] - [그림자]를 선택하여 다양한 색상의 그림자 효과를 적용할 수 있습니다.

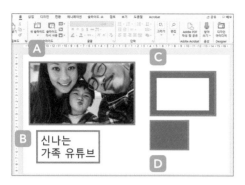

1 **A** 이미지, **B** **텍스트 상자**, **C** **액자** 도형, **D** **직사
각형** 도형 삽입

2 **A** 와 **C** 를 슬라이드에 꽉 차게 채운 후 **C** 왼쪽
상단의 **노란 점** 을 드래그하여 **C** 의 두께를 얇게
조정

3 **D** 를 **C** 의 왼쪽 상단 모서리에 맞닿게 배치

4 **C** 를 선택한 뒤 [마우스 오른쪽 단추] - [도형 서
식] - [단색 채우기: 원하는 색상], [선: 없음] 적용
하고 **D** 도 동일하게 설정

5 텍스트의 색상 및 글꼴을 변경하고 왼쪽 상단에
로고 삽입

6 [도형 서식] - [텍스트 옵션] - [텍스트 효과] - [그
림자 색: 검정], [흐리게: 0pt], [각도: 50°], [간격:
5pt] 적용하고 PNG 파일로 저장

배경 제거 효과로 인물을 강조하는
유튜브 썸네일 디자인 3

영상에서 캡처한 이미지 중 특별히 강조하고 싶은 피사체가 있었나요? 카메라가 피사체에만 초점을 맞추고 주변 배경을 흐리게 인식하는 것처럼, 썸네일에도 이런 효과를 적용할 수 있답니다. 동일한 두 개의 이미지 중 하나는 배경 제거 기능을 이용해서 피사체만 살리고, 다른 하나는 이미지에 색을 입혀 흐리게 만든 뒤 둘을 합쳐 볼게요.

**이지쌤의
원포인트
레슨**

이미지 색상을 회색으로 변경해 주는 '이미지 색' 기능
이미지 선택 후 [그림 서식] 탭 - [색]을 통해 회색 및 다양한 색상으로 변경할 수 있습니다.

1 **텍스트 상자** 1개와 동일한 이미지 2개 삽입

2 상단 이미지 선택 후 [그림 서식] 탭 - [색: 밝은 회색] 적용

3 하단 이미지 선택 후 [그림 서식] 탭 - [배경 제거] 클릭

4 [보관할 영역 표시]를 클릭해 인물 영역을 지정한 후 ESC 키를 눌러 배경을 삭제하고 두 이미지를 겹치기

5 겹쳐진 이미지 2개를 선택한 후 슬라이드에 꽉 채우고 텍스트의 글꼴과 크기를 변경

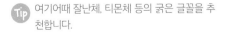

Tip 여기어때 잘난체, 티몬체 등의 굵은 글꼴을 추천합니다.

6 [도형 서식] - [텍스트 옵션] - [텍스트 효과] - [그림자 색: 흰색], [흐리게: 0pt], [각도: 70°], [간격: 5pt] 적용하고 PNG 파일로 저장

급박한 상황에서도 5분이면 완성할 수 있는
카드뉴스 표지 디자인

카드뉴스는 최근 모바일 환경에서 가장 많이 활용되는 정보 전달 포맷입니다. 매 슬라이드마다 이미지와 함께 내용을 전달할 수 있다는 것이 장점이죠. 제목 텍스트를 강조하는 카드뉴스 표지를 만들어 볼게요. 간단한 방법이니 갑작스럽게 카드뉴스를 만들 일이 생길 때 도움이 될 겁니다.

이지쌤의 원포인트 레슨

흰 텍스트가 잘 보이도록 돕는 '이미지 색' 기능
이미지 선택 후 [그림 서식] 탭 - [색]을 통해 배경 이미지를 어둡게 변경하면 흰 텍스트가 뚜렷이 구분되어 보입니다.

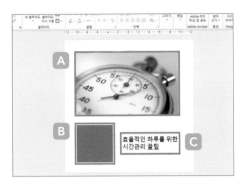

1 A 이미지, B 정사각형 도형, C 텍스트 상자 삽입

> **Tip** 슬라이드의 크기는 18쪽을 참고하세요. B 삽입 시 (Shift) 키를 누르면 정사각형이 삽입됩니다.

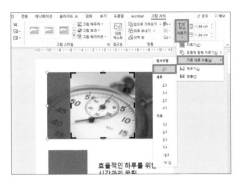

2 A 선택 후 [그림 서식] 탭 - [자르기] - [가로 세로 비율] - [1:1] 적용

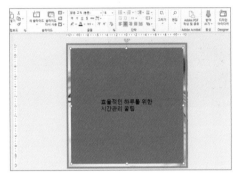

3 B 가 A 를 완전히 덮지 않도록 5~10mm 작게 채워 주고 C 도 중앙에 배치

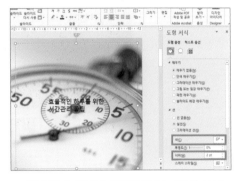

4 B 선택 후 [마우스 오른쪽 단추] - [도형 서식] - [채우기: 없음], [실선 색: 흰색], [너비: 2pt] 적용

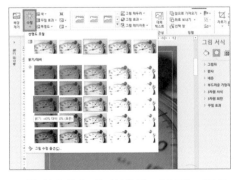

5 A 선택 후 [그림 서식] 탭 - [수정] - [밝기: -40%, 대비: 0%] 적용

6 C 에 원하는 글꼴, 색상, 그림자 효과를 적용하고 PNG 파일로 저장

줄글 형태의 텍스트를 담아야 할 때
카드뉴스 본문 디자인 1

1. 핼러윈 데이

10월 31일에 행해지는 전통 행사. 죽은 영혼이 다시 살아나며
정령이나 마녀 등이 출몰한다고 믿고, 그것에게 몸을 뺏기지 않기 위해
유령이나 흡혈귀, 해골, 마녀, 괴물 등의 복장을 하고 축제를 즐긴다고 함

카드뉴스에는 생각보다 많은 양의 정보가 들어갑니다. 이미지와 텍스트가 들어갈 공간이 분리되어 있으면 줄글 형태의 텍스트를 깔끔하게 표현할 수 있습니다. 슬라이드의 상단에는 이미지를, 하단에는 텍스트를 넣어 볼게요. 슬라이드 마스터 기능을 활용하면 쉽고 빠르게 이미지를 교체할 수도 있답니다.

**이지쌤의
원포인트
레슨**

나만의 슬라이드 디자인을 만드는 '슬라이드 마스터'

[보기] 탭 - [슬라이드 마스터]를 통해 나만의 틀, 양식 등을 만들 수 있습니다. 회사 로고와 같이 모든 슬라이드가 꼭 포함해야 하는 요소들을 기본으로 설정해 두는 것이 가능합니다.

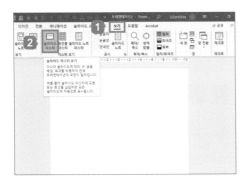

1 [보기] 탭 - [슬라이드 마스터] 선택

Tip 슬라이드의 크기는 18쪽을 참고하세요.

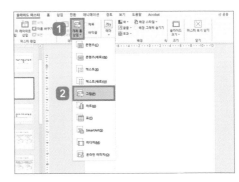

2 **슬라이드 마스터** 내 모든 틀을 삭제한 후 [슬라이드 마스터] 탭 - [개체 틀 삽입] - [그림] 선택

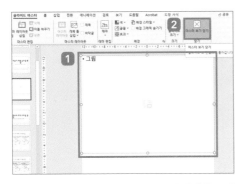

3 **슬라이드 마스터**에 **1**과 같이 **그림 개체 틀**을 삽입하고 [마스터 보기 닫기] 클릭

4 [홈] 탭 - [새 슬라이드]에서 방금 제작한 **슬라이드 마스터**를 선택하여 삽입하고 **그림 개체 틀**의 아이콘을 클릭해서 이미지 삽입

5 **텍스트 상자**를 삽입하고 텍스트를 작성

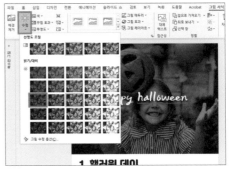

6 이미지 선택 후 [그림 서식] 탭 - [수정] - [밝기: -40%, 대비: 0%] 적용하고 PNG 파일로 저장

간단한 정보나 카피를 담아야 할 때
카드뉴스 본문 디자인 2

카드뉴스에 많은 양의 정보를 담지 않아도 될 때 활용하기 좋은 디자인입니다. 카드뉴스 본문 디자인에서 가장 신경 써야 할 부분은 이미지와 텍스트가 얼마나 눈에 띄는가입니다. 기본 도형을 활용하여 이미지와 텍스트를 모두 강조할 수 있는 카드뉴스를 만들어 볼까요?

이지쌤의 원포인트 레슨

여러 개의 도형을 겹쳐서 새로운 도형을 만드는 '도형 병합' 기능

도형, 텍스트, 이미지 등을 겹쳐 놓은 상태에서 '도형 병합' 기능을 활용하면 새로운 형태의 도형을 제작할 수 있습니다. 파워포인트 2013 버전 이상에서 활용 가능합니다.

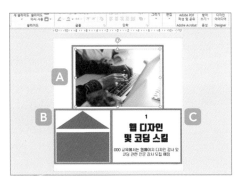

1 **A**이미지, **B**삼각형 도형과 **사각형** 도형, **C**텍스트 상자 삽입

> Tip 슬라이드의 크기는 18쪽을 참고하세요.

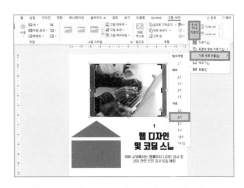

2 **A** 선택 후 [그림 서식] 탭 - [자르기] - [가로 세로 비율] - [4:3] 적용하여 이미지 자르기

3 **A**를 슬라이드에 꽉 채운 뒤 **B**, **C**를 위 그림과 같이 배치

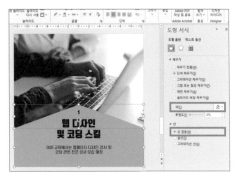

4 **B** 선택 후 [마우스 오른쪽 단추] - [도형 서식] - [단색 채우기: 초록], [선: 없음] 적용

5 **B** 선택 후 [도형 서식] 탭 - [도형 병합] - [통합] 적용하여 하나의 도형으로 병합

6 텍스트가 잘 보이게 색상을 변경하고 PNG 파일로 저장

SNS에 업로드도 하고, 인쇄물로 출력도 가능한 행사 포스터 디자인

아이콘 출처: flaticon

SNS에 업로드하기 위해 다양한 용도의 포스터를 만들게 되는데, 간혹 출력도 해야 할 때가 있습니다. A4 용지 사이즈로 제작한 이미지들은 웹 업로드와 인쇄물 출력 모두 가능하답니다. 하나의 작업물을 두 가지 용도로 활용할 수 있으니 일거이득이죠. 가장 기본적인 기능들을 활용해서 간단한 행사 포스터를 만들어 볼게요.

이지쌤의 원포인트 레슨

검정색 PNG 아이콘을 흰색으로 바꿔 주는 '밝기 100%'

PNG 형식의 검정색 아이콘을 선택한 후 [그림 수정] - [밝기: 100%]로 설정하면 흰색 아이콘으로 만들 수 있습니다. 밝기 조절을 통해서는 흰색과 검정색으로만 변경이 가능합니다.

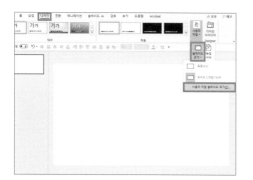

1 [디자인] 탭 - [슬라이드 크기] - [사용자 지정 슬라이드 크기] 선택

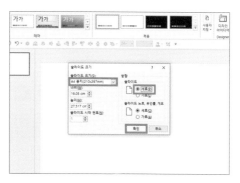

2 [슬라이드 크기: A4 용지], [방향: 세로] 선택

3 **텍스트 상자**와 PNG 형식의 **아이콘**을 삽입한 뒤 슬라이드의 빈 곳에서 [마우스 오른쪽 단추] - [배경 서식] - [단색 채우기] 설정

4 텍스트의 글꼴 및 색상 변경

5 **아이콘** 선택 후 [마우스 오른쪽 단추] - [그래픽 서식 지정] - [그림 수정] - [밝기: 100%]로 설정하면 흰색 아이콘으로 변경됨

6 나머지 정보를 **텍스트 상자**에 입력한 뒤 PNG 파일로 저장

누구나 쉽게 도전해 볼 수 있는
스마트스토어 상세페이지

우리집이 가장 편안해지는 비밀
Modern Sofa
000 소파의 편안함

OOO 100년
1위 브랜드

편리하고
부드러운 소파

최고급
00 원대

인체공학적
디자인

■■■
Check point 1
사용자 편의에 맞춰진 고급 디자인

고급스러운 000 디자인에서 영감을 얻었으며
이용패턴에 맞춰 맞춤 제작된 제품으로써
오랫동안 그 가치를 유지합니다

■■
PRODUCT SPEC

구성	3-5인 소파 (쿠션 미포함)
색상	베이지, 라이트 그레이, 브라운, 핑크, 초록
사이즈	W 240 x D 94 X H69 cm
패브릭	폴리에스테르 100%, 천연화학 50%
등받이	Sponge
방석	D-스프링/펠트, Sponge

■■■
믿고 보는
모던 소파 리얼 후기

Lorem0000 님의 포토후기
천연 가죽 마감이었습니다 1시간 해봤구

tyielajthvk0000 님의 포토후기
얼관 색상과 디자인에 정착하게 되고 큰 보다.

포토샵을 사용할 줄 몰라 상세페이지 제작은 생각도 하지 않으셨다고요? 파워포인트를 활용해서 온라인 스마트스토어에서 판매하는 제품들의 상세페이지도 만들 수 있습니다. 제품이 잘 보이는 이미지와 매력적인 카피, 정확한 제품 정보만 있으면 됩니다. 소비자의 시선을 사로잡을 수 있는 상세페이지를 만들어 볼까요?

이지쌤의 원포인트 레슨

이미지 파일의 용량을 줄여 주는 '그림 압축' 기능
삽입한 이미지를 선택한 후 [그림 서식] 탭 - [그림 압축]을 설정하면 이미지의 화질을 낮추고 용량도 줄일 수 있습니다.

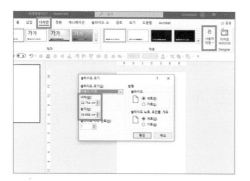

1 [디자인] 탭 - [슬라이드 크기] - [사용자 지정 슬라이드 크기] 선택 후 [너비: 22.754cm, 높이: 39.688cm] 입력

> **Tip** 가로 860px, 세로 3000px 이하로 설정합니다(세로는 1500px부터 제작하는 것을 추천).

2 제품 이미지와 **텍스트 상자**를 삽입하고 내용 입력

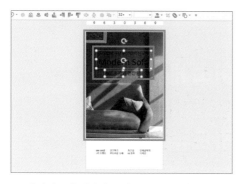

3 슬라이드에 이미지를 가득 채운 뒤 **텍스트 상자**의 위치를 조정

4 텍스트의 글꼴과 색상 등을 변경하고 [삽입] 탭 - [도형] - [타원] 선택

> **Tip** Shift 키를 누른 채 타원 도형을 삽입하면 1:1 비율로 삽입됩니다.

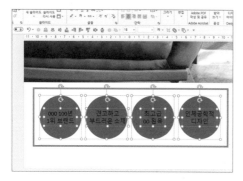

5 **타원** 도형의 색상을 변경하고 3개 더 수평 복사한 후 **텍스트 상자**가 맨 앞으로 오게 배치

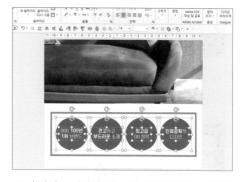

6 슬라이드 하단에 있는 텍스트의 글꼴 스타일을 변경한 후 PNG 파일로 저장

글꼴만 잘 선택해도 절반은 완성!
SNS 콘텐츠 제작을 위한 글꼴 활용 팁

⊘ 콘텐츠 제목엔 굵은 글꼴

시선을 사로잡아야 하는 표지와 제목에는 굵은 글꼴을 활용하는 것이 좋습니다. 굵은 글꼴은 사람들의
주의를 집중시키고, 텍스트를 쉽고 빠르게 읽을 수 있도록 합니다. 상업적으로도 활용할 수 있는 다양한
개성의 무료 폰트들을 소개합니다.

에스코어드림 9
BLACK

배달의민족
주아체

티몬체

배스킨라빈스체
B

쿠키런
BLACK

여기어때
잘난체

⊘ 말소리를 표현할 땐 손 글씨체

사람이 직접 말하는 듯한 느낌을 표현하고 싶을 땐 손 글씨체를 활용하는 것이 좋습니다. 손 글씨체는 가독성이 떨어지는 편이지만, 강조하고 싶은 짧은 단어나 간단한 문장에 활용하면 디자인의 완성도를 높여 줍니다.

포천
막걸리체

상상토끼
꽃길체

⊘ 진지한 느낌을 주고 싶을 땐 명조체

무게감 있는 내용을 전달하고 싶을 땐 묵직하면서 기품이 있는 명조체가 잘 어울립니다. 명조체는 획의 꺾임을 분명하게 보여 주는 서체라서 한 획마다 힘이 느껴집니다. 명조 계열은 가독성이 좋기 때문에 텍스트의 양이 많을 때 사용하기도 좋습니다.

조선일보
명조체

서울한강
장체 BL

Microsoft 365의
추천 기능을 소개합니다

Microsoft 365

매월 구독 형태로 워드, 엑셀, 아웃룩, 파워포인트, 원드라이브 등 MS에서 제공하는 프로그램을 최신 기능으로 사용할 수 있습니다. 파워포인트의 최신 기능은 사용자의 편의성을 고려해 더 편리하게 프레젠테이션을 제작할 수 있도록 지원합니다. 어떤 기능들이 있는지 함께 살펴봅시다.

⊘ 아이콘

[삽입] 탭 - [아이콘]을 선택하면 수백 개의 아이콘 묶음을 확인할 수 있습니다. 그중 원하는 아이콘을 슬라이드에 삽입하고 색상 변경도 자유롭게 할 수 있습니다. 또한 [도형으로 변경]을 통해서 아이콘을 재조합하여 새로운 형태의 아이콘을 제작할 수도 있습니다.

[삽입] 탭 - [아이콘] 선택

수백 개의 아이콘 중에서
원하는 것을 선택하여 삽입

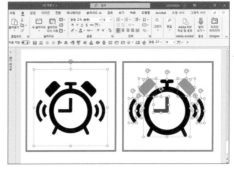

아이콘의 색상도 다양하게 표현 가능

⊘ 3D 이미지 활용

다양한 3D 포맷을 슬라이드에 삽입할 수 있습니다. 3D 효과를 잘 활용해서 역동적인 프레젠테이션을 꾸며보는 건 어떨까요?

[삽입] 탭 - [3D 모델]

다양한 형태의 3D 이미지 중 선택하여 삽입

다양한 포맷의 3D 이미지 삽입 가능
(Sketchup, Collada 등 다수)

⊘ 스톡 이미지 활용

파워포인트에서 자체적으로 제공하는 무료 이미지이며 상업적인 활용이 가능합니다. 고품질의 이미지를 파워포인트 내에서 검색하여 바로 사용할 수 있어 매우 편리합니다.

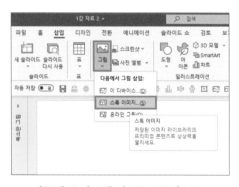

[삽입] 탭 - [그림] - [스톡 이미지] 선택

수백 개의 무료 스톡 이미지 활용 가능

KI신서 9561

퇴근이 1시간 빨라지는 초간단 파워포인트

1판 1쇄 발행 2021년 2월 4일
1판 12쇄 발행 2025년 1월 9일

지은이 이지훈
펴낸이 김영곤
펴낸곳 (주)북이십일 21세기북스

인문기획팀장 양으녕 **인문기획팀** 이지연 서진교 노재은 김주현
디자인 부가트 **교정** 임재희
출판마케팅팀 한충희 남정한 나은경 최명열 한경화
영업팀 변유경 김영남 강경남 황성진 김도연 권채영 전연우 최유성
제작팀 이영민 권경민

출판등록 2000년 5월 6일 제406-2003-061호
주소 (10881) 경기도 파주시 회동길 201(문발동)
대표전화 031-955-2100 **팩스** 031-955-2151 **이메일** book21@book21.co.kr

(주)북이십일 경계를 허무는 콘텐츠 리더

21세기북스 채널에서 도서 정보와 다양한 영상자료, 이벤트를 만나세요!
페이스북 facebook.com/jiinpill21   **포스트** post.naver.com/21c_editors
인스타그램 instagram.com/jiinpill21   **홈페이지** www.book21.com
유튜브 youtube.com/book21pub

당신의 일상을 빛내줄 탐나는 탐구 생활 〈탐탐〉
21세기북스 채널에서 취미생활자들을 위한 유익한 정보를 만나보세요!

ⓒ 이지훈, 2021
ISBN 978-89-509-9404-4 13000